시사적복음전도목회칼럼 - 2

나는 하나님의 몽당연필입니다

배굉호 지음

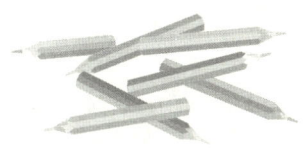

도서
출판 영문

I'M THE GOD'S SHORT-PENCIL
(The Pastoral Column of Evangelism in Society)

By Rev, Geong-Ho Bae(Th. D.)

2000, Seoul, Korea
Young-Moon, Publishing

복음이 담긴 목회 칼럼

김병원 박사
(고신대학교 총장)

　이번에 배굉호 목사님께서 지난 남천교회 설립 25주년 기념 출판에 이어 다시 두 권의 책을 출판하게 되어 무척 기쁘게 생각합니다. 바쁜 목회사역 속에서 책을 펴낸다는 것이 참 어렵고 힘든 일이지만 배목사님은 목회자로서 또 신학자로서 남다른 열심과 희생이 있기에 가능하였으리라 생각합니다. 이 같은 배목사님의 열심과 성실한 자세가 동료 목회자 뿐 아니라 많은 후배 목사들에게 큰 귀감이 되었으면 하는 마음 간절합니다. 모든 목회자들이 다 학자가 될 순 없지만 교사인 목사로서 가르치는 일을 감당함에 있어 열심과 노력이 요구되는 것은 자명한 사실입니다.

　이 번에 출판되는 두 권의 책은 각각 '설교로 배우는 구원론'과 '시사적 복음 전도 목회칼럼' 입니다. 한국교회는 참으로 폭넓고 다양한 성경공부를 실행하고 있습니다. 각 계층마다 그리고 그 수준에 따라 다르게 공부하면서 각자의 신앙 발전을 도모하고 있습니다. 하지만 늘 아쉽게 느껴지는 것은 교리공부가 부족하지 않나 하는 생각입니다. 교리공부는 신앙의 뿌리요 뼈대를 세우는 아주 중요한 기초 작업입니다. 이 과정 없이 다른 어떤 공부라 할지라도 그 효과를 기대하기란 매우 어렵

추천사

습니다. 하지만 경험으로 볼 때 교리공부는 자칫 잘못 하다보면 지루하고 어려워서 성도들이 흥미를 잃어버릴 때가 많습니다. 성도들은 일반적으로 교리공부 자체를 상당히 딱딱하고 어렵게 느끼고 있기 때문입니다. 그래서 쉽게 접근하는 방법이 필요한데 그것은 목회자들의 교수방법에 달려 있다고 해도 과언이 아닙니다.

이번에 배목사님은 어려운 구원론을 설교로 쉽게 풀어 가는 독특한 교수방법으로 책을 펴냈습니다. 선택에서부터 영화에 이르기까지 구원의 과정을 어려운 신학적 용어 대신 성도들의 눈 높이에 맞춰 쉽게 배울 수 있도록 설교로 구성해 놓았습니다. 사실 이미 구원의 확신을 가지고 있는 성도들 중에서도 체계적인 구원관이 형성되지 못한 자들이 많이 있을 줄 압니다. 그런 점에서 이 책은 기존 성도들에게 올바른 신앙형성에 큰 유익이 되리라 생각됩니다.

또 한 권의 책은 지난번에 이어 두 번째로 펴낸 시사 목회칼럼입니다. 칼럼의 내용이 단편적이지 않고 독자를 불신자까지로 넓게 생각한 시사 칼럼이므로 누구나 쉽게 공감할 수 있다는 장점이 있습니다. 더군다나 칼럼으로만 끝나는 것이 아니라 그 칼럼을 통해 복음을 제시하므로 전도의 방편으로도 사용될 수 있습니다. 아마도 이 방법은 불신자들에게 자연스럽게 접근할 수 있으므로 시대에 맞는 효과적인 복음전파가 될 것입니다. 사실 이 같은 폭넓은 시사 칼럼을 작성한다는 것은 방대한 자료수집에다 꼼꼼한 분석이 뒤따라야 하는 일이므로 보통 일이 아닌데 배목사님의 열심이 정말 대단하다는 생각을 새삼 절감하게 됩니다.

출판과정이 힘들었던 만큼이나 열매 또한 풍성하리라 기대하며 이 책이 모든 독자들의 마음에 귀한 양약이 되기를 바라면서 적극 추천하는 바입니다.

머리말

주님 은혜로 매 주일 글을 쓴다

할렐루야!

　우리에게 놀라운 복음을 주시고 이 구원의 소식을 전할 수 있는 사명과 은혜를 주신 사랑의 하나님 아버지께 모든 영광과 찬양을 드립니다. 지금까지 매주일 마다 교회 주보에 목회 칼럼을 연재할 수 있도록 부족한 종에게 지혜와 열심을 주시고 은혜를 베푸신 주님께 감사를 드립니다. 주님의 특별한 도우심이 없이 매 주일 마다 글을 계속 쓴다는 것은 불가능한 일일 것입니다. 또한 목회 칼럼을 애독하며 격려와 용기를 주신 사랑하는 우리 성도들님들께 깊은 애정과 감사를 표합니다.

　매주일 주보에 실려지는 목회 칼럼이 국내외의 여러분들에 의해서 읽어지고 있으며, 특별히 전도에 사용되고 있다는 사실에 감사할 뿐입니다. 특히 외국에서 공부하고 있는 유학생들에게 '시사적 복음 전도 목회칼럼'을 통해 국내 소식을 접할 수 있어 좋다는 소식을 들었을 때 보람을 느꼈으며, 교계의 원로 목사님들로부터 칭찬과 격려를 받을 때 부끄럽기도 하고 더욱 더 사명감을 복돋을 수 있게 되어 감사하고 있습니다.

　이 목회 칼럼은 주로 신문이나 잡지 등에 나오는 사건들을 주제로,

머리말

가능하면 시사성이 있는 내용으로 구성했으며 동시에 신학적인 내용의 메시지로 결론을 내려 많은 사람들이 공감을 가지고 감동을 받을 수 있는 내용이 되도록 노력하였습니다.

이 칼럼집 "나는 하나님의 몽당연필입니다"를 통해서 신앙의 가치관과 생활에 도움이 되었으면 합니다. 동시에 복음 전도에 잘 활용되었으면 좋겠습니다.

이 책이 나오기까지 헌신적으로 수고하신 김 성재 강도사님께 감사드립니다. 그리고 항상 기도로 후원해 주시는 모든 교역자들과 장로님들을 비롯하여 모든 성도님들께 감사드리며, 주보 편집을 위해 항상 수고하시는 조 재현 선생님과 조 천호 집사님께도 감사드립니다.

오직 하나님께 영광을!(SOLI DEO GLORIA)
오직 은혜!(SOLA GRACIA)

2000년 4월 7일
남천교회를 섬기는 종 배 굉 호

목 차

추천사/ 복음이 담긴 목회칼럼 …………………………3
머리말/ 주님 은혜로 매 주일 글을 쓴다 ……………………5

제 1 부 / 다시 시작합시다

1. 다시 시작합시다 …………………………………14
2. 호남정유 여자 배구팀의 승리 비결……………………16
3. 참된 효도의 귀향 길 ………………………………18
4. 우리가 사는 부산을 위해 기도하자 ……………………20
5. 쉰들러 리스트(Shindler's List)의 정신 ………………22
6. 좋은 소식(The Good News) ……………………………24
7. 북한의 핵과 이중성 …………………………………26
8. 행복한 가정은 인내하고 협조할 때 가능하다 ……………28
9. 북한을 위해서 관심을 가져야 할 때 ……………………30
10. 어쨌든 지하철은 달려야 한다 …………………………32
11. 이슬비 전도학교의 초청장 ……………………………34
12. 사탄의 문화, 뉴에이지 운동을 경계하자 …………………36
13. 인구 문제 전쟁을 보면서 ………………………………38
14. 태양사원 집단 자살이 주는 경고 ………………………41
15. 존경받는 정치인, 잠롱 …………………………………44
16. 예수님을 모신 성탄절 …………………………………46

제 2 부 / 10원을 나누는 아름다운 삶

17. 일본 관서지방의 대지진을 보면서 ·····················50
18. 친일파 후손의 상속재산 희사 ························52
19. 한 안과 의사의 인생관 ······························55
20. 오우무 진리교의 허상과 교훈 ·······················57
21. 안심할 수 없는 세상 ································59
22. 좋은 아내가 됩시다 ································61
23. 아름다운 유산 ·····································63
24. 통일 염원을 담은 쌀 ································65
25. 백범의 섬김의 정신 ································67
26. 역사를 찾는 사람 ··································69
27. 경계 심리에서 부요 의식으로 ························71
28. 보는 눈의 차이 ····································73
29. 특별 새벽기도에 성공하기 위한 방법들 ···············75
30. 사람에겐 나름대로의 역할이 있다 ····················78
31. 돈이 보낸 편지 ····································80
32. 10원을 나누는 아름다운 삶 ·························83

제 3 부 / 나는 하나님의 몽당연필입니다

33. 미테랑 대통령의 죽음을 보면서·····················86
34. 성덕 군을 살리기 위한 뜨거운 동포애···············88
35. 독도는 엄연한 우리 땅····························90
36. 살인까지 부른 함 값 소동·························93
37. 부활의 신앙을 실천하는 사람······················95
38. 국회의원 선교사가 많았으면······················97
39. 걸어다니는 광고, 다이애나의 사치················100
40. 명예가 부른 해군 참모총장의 죽음················102
41. 삼풍 희생자의 '사랑의 장학금'···················104
42. 당신은 친절을 베푸는 아저씨인가················106
43. 플림솔의 선(線)································108
44. 행복하게 사는 법······························110
45. 겨울 준비····································112
46. 참된 성공····································114
47. 조화의 삶····································116
48. 나는 하나님의 몽당연필입니다····················118
49. 크리스마스 선물······························120

제 4 부 / 당신은 걸작품이다

50. 희망을 가지자 ··································124
51. 북한은 무너지고 있는가 ························126
52. 나이팅게일의 희생을 배우자 ····················128
53. 예수 그리스도는 부활하셨다 ····················130
54. 우리는 미래를 준비하고 있는가 ················132
55. 어머니의 사랑은 삶의 폭풍에서의 항구 ········134
56. 사랑을 받기보다는 주는 사람이 되라 ··········136
57. 아름다움의 비결 ································138
58. 화성에 안착한 무인 탐사선 '패스 파인더' ·····140
59. 사랑은 죽음처럼 강하고 ························142
60. 가장 좋아하는 찬송 ····························144
61. 역사의 왜곡을 깬 한 일본인의 양심 ············146
62. 당신은 걸작품이다 ······························148
63. 세계 제일의 골초 국민 ··························150
64. 심령이 변화되어야 ······························152
65. 5D를 극복하면 위기를 극복한다 ···············154
66. 아직도 남은 것이 있다 ··························156

제 5 부 / 미국 주지사가 된 입양아

67. IMF 극복 ···160
68. 가장 귀중한 보물 ······································162
69. 위기를 승리의 기회로 삼는 정신 ················164
70. 빈민 굴속의 사랑의 선생님 ························166
71. 킬링필드의 폴 포트의 죽음 ·······················168
72. 네 부모를 공경하라 ··································170
73. 인자수(仁者壽)··172
74. 우주의 월드컵이 열린다면 ························174
75. 세계의 부자들 ··176
76. 52년 만에 찾아낸 아버지의 예금 ···············178
77. 할머니 한 분이 남긴 용돈 ·························180
78. 세계에서 가장 살기 좋은 나라 ···················182
79. 화장과 시신기증 운동 ······························184
80. 나는 무죄한가 ···186
81. 미국 주지사가 된 입양아 ··························188
82. 인권의 승리 ··190
83. 행복의 조건 ··192

제 6 부 / 그녀는 "예스"라고 말했다

84. 1999년과 새로운 천년 ····································196
85. 밀레니엄 최고 갑부 50인 ··································198
86. 기도하며 운동하는 선수들 ································210
87. 휴대폰 무례 ··203
88. 자녀를 위한 십계명 ··205
89. 원숭이들이 비웃는 인간의 가정 ··························207
90. 리스트 파문과 인류 최대의 리스트 ······················209
91. 너무 늦은 결단 ··211
92. 왜 단군상 건립을 반대하는가? ····························213
93. 안락사의 법제화는 옳은 것인가? ·························216
94. 거짓말 잔치의 옷 청문회 ··································219
95. She said yes(그녀는 "예스"라고 말했다) ··············221
96. 진정으로 존경받는 기업인 ································223
97. 노벨 평화상 수상자 '국경 없는 의사회' (MSF) ········225
98. 고문 기술자 ··227
99. Y6B(세계 인구 60억 시대) ································229
100. 평화의 메시지 크리스마스 ································231

제1부
다시 시작합시다

1. 다시 시작합시다
2. 호남정유 여자 배구팀의 승리 비결
3. 참된 효도의 귀향 길
4. 우리가 사는 부산을 위해 기도하자
5. 쉰들러 리스트(Shindler's List)의 정신
6. 좋은 소식(The Good News)
7. 북한의 핵과 이중성
8. 행복한 가정은 인내하고 협조할 때 가능하다
9. 북한을 위해서 관심을 가져야 할 때
10. 어쨌든 지하철은 달려야 한다
11. 이슬비 전도학교의 초청장
12. 사탄의 문화, 뉴에이지 운동을 경계하자
13. 인구 문제 전쟁을 보면서
14. 태양사원 집단 자살이 주는 경고
15. 존경받는 정치인, 잠롱
16. 예수님을 모신 성탄절

다시 시작합시다

드디어 새해가 시작되었습니다. 우리 모두 새로운 1994년의 길을 달려갑니다. 성경에 우리의 인생을 경주에 비유한 기록이 있습니다(고린도전서 9:24). 우리 모두는 인생이라는 장거리 경주를 달려가고 있습니다. 이제 1993년은 지나가고, 1994년 새해의 트랙에 들어섰습니다.

지난 한 해를 돌아보니 부끄러운 것도 많고, 아쉬운 것도, 후회스러운 일도 많습니다. 그러나 이제 떨쳐 버리고 다시 시작합시다. 과거에 사로잡혀서 사는 것은 비생산적이고 아무런 유익이 없습니다. 과거의 모든 것을 훌훌 다 털어 버리고 다시 새롭게 달립시다.

1994년도 '은혜 속에 성장하는 우리 교회' 라는 목표 하에 희망과 기대를 가지고 역사에 남을 발걸음을 내디뎠습니다. 우리 모두는 역사적인 순례자의 행렬에 다 참여하여야 합니다. 우리는 모두가 한 지체요, 한 몸입니다. 우리의 머리되신 예수 그리스도를 중심으로 우리는 서로 힘을 합하여 발을 맞추어 걸어가야만 합니다.

성도 여러분! 하나님의 백성으로써 기본적인 실천사항 5가지를 항상 기억하면서 멋있고 아름다운 성도의 삶을 추구해 봅시다. 새해에는 그 동안 소홀했던 예배에 힘써 참여합시다. 지금까지는 복음을 전하지 못했지만 이제는 모든 사람들에게 복음 전하는 일을 다시 시작합시다. 지난 해에는 성경공부에 참여하지 못한 아쉬움이 있지만 새해에는 힘써 성경공부에 참여하여 예수님의 형상을 닮아갑시다. 우리에게 모든 것을 주시고 은혜 베푸신 주님께 온전한 십일조로 축복 받는 일을 다시 시작합시다. 그리고 구제와 봉사로 그리스도의 사랑을 직접 실천해 봅시다.

성도 여러분! 주님은 사랑하는 그의 백성들이 다시 시작하기를 원하시고 기다리십니다. 그리고 다시 시작할 때 축복하십니다. 우리 모두 다시 시작합시다. 열심히 뛰어 봅시다. 주님께서는 우리 곁에서 함께 걸으시고 동행하십니다. 주님은 우리의 경주를 넉넉히 마칠 수 있도록, 이길 수 있도록 새 힘을 공급해 주실 것입니다. 저와 함께 우리 당회원들과 모든 성도들이 일어서서 다시 시작합시다.

〈1994. 1. 2.〉

호남정유 여자 배구팀의 승리 비결

지난 9일에 폐막된 제11회 대통령배 배구 1차 대회에서 호남정유 여자 배구팀은 무실세트의 9연승을 추가해 69연승을 기록했다. 이 가공할 만한 힘이 어디에서 나오는 것일까?

위기에서 더욱 빛을 발하는 투지가 있고 탄탄한 조직력을 갖추고 있는 이 팀에 대해 상당기간 연승을 계속할 것이라고 전문가들은 평가하고 있다. 그 비결은 국가 대표팀 감독을 겸하고 있는 감독 김철용 집사와 선수 전원의 투철한 신앙에 있다고 분석하고 있다. 이 팀은 경기 시작 전과 경기를 끝낸 후에 반드시 기도회를 갖는다. 뿐만 아니라 감독과 선수들은 중요한 경기를 앞두고 '산기도'나 '철야기도'를 드릴 정도로 대담한 신앙을 가지고 있다. 또한 호남정유 선수들은 이사야 41장 10절의 말씀을 거의 다 암송하고 있다. "두려워 말라 내가 너와 함께 함이니라. 놀라지 말라 나는 네 하나님이 됨이니라. 내가 너를 굳세게 하리라. 참으로 너를 도와 주리라. 참으로 나의 의로운 오른손으로 너를 붙들리라."

김철용 감독은 "이제는 선수들이 스스로 기도를 통해 위기를 극복할 만큼 신앙이 성장했다. 당분간 연승행진이 계속될 것"이라며 강한 자신감을 보이고 있다. 호남정유 감독과 선수들은 교회에 참석하여 함께 찬양하는 아름다운 신앙인들이다. 컴퓨터 세터로 불리는 이도희 선수는 "위기 가운데서 기도를 하고 나면 마음이 편안해진다. 호남정유 배구팀을 통해서 전도의 열매가 맺히길 바란다"고 말한다.

오랜 전, 유명한 축구 선수 이영무씨가 그라운드에서 기도하는 모습을 통해서 많은 사람들을 감동시킨 기억이 아직도 남아 있는데 이 호남정유 배구팀의 기도와 찬양과 신앙생활, 그리고 69연승의 가공할만한 힘과 기록은 힘없이 삐걱거리는 오늘날의 많은 성도들에게 상당한 도전과 자극을 주는 일임에 틀림이 없을 것이다.

어찌 호남정유 배구팀만 신앙으로 승리하겠는가? 하나님을 믿는 성도인 우리의 만사가 흔들리지 않는 믿음에 근거를 두고 있지 않은가? 믿음의 딸들인 호남정유 배구팀의 연승을 기원하면서 우리의 삶의 현장에서도 통쾌한 믿음의 승리가 연속되길 바란다.

〈1994. 1. 16.〉

참된 효도의 귀향 길

민족의 대이동일인 설날. 예년과 마찬가지로 자동차의 물결이 줄지 었고, 수많은 가족들이 오랜만에 재회의 기쁨을 누렸다. 설 음식을 나누며 가족 우애를 다졌고, 놀이를 통해 가족의 정을 나눌 수 있었다. 그러나 명절을 맞이할 때마다 우리가 꼭 기억해야 할 것이 있다. 그저 고향이니까, 부모님을 만나 인사해야 하니까 선물 꾸러미를 준비해서 가는 것이 전부가 아니라는 것이다. 명절은 부모님에 대한 참된 효도의 기회가 되어야 한다.

지난 달 29일 제 19회 효행가상(삼성복지 재단 주관)을 수상한 김정달(61세, 해운대구 반여 2동)씨는 생계가 막막한 어려움 속에서도 생선 행상으로 42년 동안 시어머니(88세)를 모시면서 온갖 어려움을 참고 견뎌 온 효부였다. 김씨는 10년 전부터 시어머니가 앞을 보지 못하게 되자 하루도 빠짐없이 아침마다 목욕을 시키고 대소변을 받아 내는 등 수발을 하였다.

경남 사천이 고향인 김씨는 19세 때 둘째 며느리로 시집왔는데, 찢어지는 듯한 가난을 견디다 못해 1974년 현금 3만원을 들고 시어머니와 다섯 아들을 데리고 부산으로 왔다. 생선장수 공사판 인부 등의 일을 하며 한쪽 다리를 제대로 쓰지 못할 정도로 김씨의 고난은 끝이 없었다. 게다가 남편도 병원 신세를 지고 있어 김씨는 시어머니와 남편의 병간호로 인생의 반을 보내 버렸다.

 수상 소감을 밝힐 때는 "상금으로 받은 거금 8백만 원으로 시어머니가 좋아하는 요구르트를 한없이 사 드릴 수 있게 됐다"고 좋아했다. 실로 감동을 주는 아름다운 생활수기를 읽는 것 같다. 부모에게 효도하는 것이 당연하다고 누구나 말할 수 있고, 부모 섬기는 일이 아름답다고 쉽게 이야기할 수 있다.

 그러나 그것이 보통 어려운 일이 아니라는 것을 잘 알기 때문에, 부모를 모시기가 두렵고 꺼려하게 되는 것이다. 그래서 양심 있는 자녀들은 늘 마음에 죄를 지은 것 같이 떳떳하지 못한 채 죄송한 마음을 가지고 살아가는 것이다. 그러므로 설날 같은 명절에라도 부모님을 꼭 찾아뵙고 인사드려야겠다는 마음을 가질 수밖에 없을 것이다.

 우리는 부모님이 살아 계실 때 공경하는 기회를 많이 가져야 한다. 자주 찾아뵙지 못한다 해도 마음 속에는 항상 부모님에 대한 사랑과 공경의 마음을 가져야 할 것이다. 이런 중심을 가진 자녀를 부모님은 원망하지 않으실 것이고, 충분히 이해하시며 용납하실 것이다. 나아가 참 효도는 명절에만 부모를 기억하는 것이 아니라 살아 생전에 항상 모시는 마음을 가지고 기도하는 것이다. "네 부모를 공경하라. 그리하면 너의 하나님 나 여호와가 네게 준 땅에서 네 생명이 길리라."(출애굽기 20:12) 이것은 하나님께서 주신 계명이다.

〈1994. 2. 13.〉

우리가 사는 부산을 위해 기도하자

우리는 한국 제 2의 도시, 4백만이 함께 숨쉬는 부산에 살고 있다. 최근 부산시 통계 담당관실은 1992년 12월 1일부터 1993년 11월말까지 최근 1년 간의 출생, 범죄 등 부산의 각종 지표를 통계로 알기 쉽게 집계한 '부산의 하루'를 발표했다.

이 통계에 따르면 1년 간 5만 8천 4백 명이 태어났다. 평균적으로 하루에 1백 6십 명이 태어나고 45명이 죽었다. 64쌍이 결혼하고, 12쌍이 이혼했다. 그리고 1천 9백 3십 명이 전입해 오고 부산을 빠져나간 사람도 2천 1백 명이나 된다. 그래서 1992년의 인구가 3백 88만 7천 2백 78명으로 집계되었다.

화재가 4건, 범죄는 326건, 교통사고는 55건이나 되고 관광객들의 숫자가 하루 평균 2천 5백 43명으로 1991년 2천 7백 19명, 1992년 2천 6백 39명 보다 줄어들었다. 외화 수입도 하루 83만 달러로 1992년 96만 달러보다 감소했다. 부산의 쓰레기 수거량은 하루 평균 7천 3백 34톤으로 1992년 8천 6백 40톤보다 크게 줄어들어 쓰레기 줄이기 및 분리 수거 운동의 영향이 컸던 것으로 분석되고 있다.

인구가 줄어든 것은 공장의 이전, 아파트 값 상승 등의 영향으로 인해 김해, 양산 등 주변의 광역권으로 전출이 많은데 기인한 것으로 나타났다. 비록 낙동강 수질 오염에 겹쳐진 교통난, 경제난 등의 어려움을 안고 있지만, 이 부산은 우리의 고장이다. 그러므로 우리는 부산을 사랑해야 하고 아껴야 한다.

2002년 아시안 게임을 유치하기 위해 뒤늦게나마 온 시민과 정부가 뛰어든 것은 부산을 2천 년대의 미래 도시로 발전시켜야 된다는 당위성과 요구에서 나온 발상이요 몸부림이라고 생각된다. 우리는 4백만 인구가 꿈틀거리고 호흡하며 뒤섞여 살아가는 우리 고장 부산을 너무 부정적으로 생각해서는 안 될 것이다. 부산은 해양 도시로써 2천 년대의 주역이 될 것이다. 아시안 게임으로 큰 발전을 하게 될 것이고 남구와 해운대 등의 지형 변화와 신개발의 꿈도 기대할 수 있을 것이다.

하루에 한 번, 1분씩 기도하자. 부산을 깨우는 운동과 더불어 내 자신은 물론 우리 가정, 우리 교회, 더 나아가 현재 내가 살고 있고, 앞으로 우리의 후손이 살아갈 부산을 위해서 기도하도록 하자. 정말 사랑하는 우리 교회가 존재할 이 부산을 위해서 새벽을 깨워보지 않겠는가?

〈1994. 3. 6.〉

쉰들러 리스트(Shindler's List)의 정신

지금 전 세계적으로 '쉰들러 리스트' 열풍이 대단하다. 영화 '쉰들러 리스트'는 지난 2월 22일 제 51회 골든 글러브 시상식에서 최우수 감독상, 최우수 영화상, 최우수 각본상 등 3개 부문을 석권한데 이어 지난 3월 22일 제 66회 아카데미 시상식에서는 감독상, 작품상 등 7개 부문을 휩쓸었다.

스티븐 스필버그 감독은 유명한 'ET', '죠스', '인디에나 존스', '쥬라기 공원' 등을 만들어 영화 역사상 흥행 랭킹 20위 안에 무려 7편을 등록한 세계 최대의 상업영화 감독이었으나 흥행 위주일 뿐 작품성이 부족하다는 이유로 한 번도 아카데미 작품상과 감독상을 받지 못했는데, '쉰들러 리스트'로 세계 최고의 감독으로 인정을 받게 되었다.

이 작품이 세계인의 이목을 집중시키는 것은 나치 독일의 유태인 학살의 잔인한 장면들이 진지하게 표현되어 있는 것뿐만 아니라 주인공 쉰들러에게서 볼 수 있는 인간애 때문이다.

1939년에서 1945년 독일이 점령하고 있던 폴란드의 크라코우 지방에서 유태인이 경영하던 그릇공장을 인수한 쉰들러는 본래 처세에 능한 기회주의자이며 술과 노름을 좋아하는 호색한이었다. 그는 사업을 위해서 나치당에 가입한 독일군 장교에게 여자, 술, 담배 등을 닥치는 대로 뇌물로 바친 사람이었다. 그러나 어린이들까지 몰살시키는 독일군의 잔학성을 눈으로 목격하면서 쉰들러의 마음은 일대변신을 하게 되었고 유태인을 살려내는 일에 뛰어들게 되었다. 우리는 이 영화를 통해 한 사람이라도 더 살리기 위해 노력하는 그의 모습을 볼 수 있다.

우리는 쉰들러의 정신을 본받아야 한다. 한 사람이라도 더 살리기 위해 안간힘을 쓰는 쉰들러의 정신을 배워야 한다. 고난 주간을 맞이하여 우리는 예수 그리스도의 십자가의 정신이 바로 한 영혼을 구하기 위해 자신을 희생하신 것임을 기억해야겠다. 쉰들러의 정신은 바로 우리의 정신이 되어야 할 것이다.

전쟁이 끝나고 모든 유태인들이 자유의 몸이 되던 날 유태인들은 생명의 은인인 쉰들러에게 감사의 표시로 그들의 금니를 모아 녹여서 반지를 만들어 주었다. 그 반지에는 탈무드 글귀로 '한 생명을 구한 자는 세계를 구한다' 라고 씌어 있었다. 한 영혼이 천하보다 귀한 것을 아는 것이 바로 십자가의 정신이다.

〈1994. 3. 27.〉

좋은 소식

그분은 여기 계시지 않고 살아나셨느니라!
이 소식
아름다운 멜로디의 천둥이로다

이른 새벽의 슬픔을 잠재우고
심장의 고동을 소생시키도다

이 천둥의 소식,
아름다운 소식을
영원히 영원히
온 우주에 외치리라

사랑의 승리는 완전하며…
인류의 소망은 다시 살아났나니　　　-John R. Rice-

　부활의 아침, 무덤을 찾았던 여인들은 천사를 통하여 놀라운 소식을 들었다. 그것은 "너희가 찾는 예수는 여기 계시지 않고 다시 살아나셨느니라"하는 선포였다. 이 소식은 실의와 절망 속에서 힘을 잃고 주저 앉았던 그들에게 새로운 용기와 소망을 던져주는 메시지였다. 부활절 아침의 그 소식은 바로 복음이었다. 가장 기쁜 소식이었다. "예수 다시 사셨다!"

그 소식은 예루살렘을 진동시키기 시작하더니 예수를 배반했던 유다 지역으로, 소외시 되고 설움 속에 지내던 사마리아로, 소아시아로, 유럽으로 전진하여 나중에는 고요한 아침의 나라 한국 땅까지도 흔들어 놓고야 말았다. 이제 "예수 부활하셨네"하고 목소리 높여 담대하게, 자신 있게 외치던 제자들의 그 외침은 바로 주의 재림을 기다리며 살아가는 오늘날 우리들의 사명으로 주어졌다.

"그가 다시 사셨다"는 이 소식은 마지막 날에 주님 앞에 설 때, 가장 소중하고 위대한 소식임을 증명 받게 될 것이다. 이 소식을 듣고 기뻐하며 가슴 속에 깊이 간직하고, 증거했던 이들만 영원한 삶을 살게 될 것임으로…

〈1994. 4. 3.〉

북한의 핵과 이중성

 북한의 주석 김일성은 핵 문제 해결 시한이 다음 달 초로 임박해 오자 긴장되는 상황 속에서 잇따라 유화 발언을 내어놓고 있다. 과연 어느 정도까지가 진실일까? 어디까지 믿어야 할 것이며 그 속셈은 무엇일까?
 요즘 며칠 간 전례 없이 대미 발언에 평화 제스처를 싣고 있는데, 특히 「워싱턴 타임스」지와 가진 서면 회견에서 미국이 경수로 원자로를 지원해 주면 연변의 방사화학 실험실을 폐기할 용의가 있다는 파격적인 발언을 했다. 또 지난 16일 CNN방송과의 회견에서는 "미국을 방문해서 낚시질을 하고 싶다"고 미국을 향해 추파를 던지기도 했다.
 이에 대해 미국은 물론 우리 정부는 이들의 태도에 대해 어떻게 해석을 하며, 어떻게 대응할 것인가 고민하고 있다. 얼마 전까지만 해도 "서울을 불바다로 만들 것"이라는 망언과 폭언을 일삼더니 이제 와서는 그런 사실이 없다고 딱 잡아떼면서 핵 문제 사찰에 성의 있게(?) 보이려고 하는 그들의 저의는 무엇일까? 한 술 더 떠서 수주일 안에 있을 연변 5MW 원자로의 연료봉 교체작업에 입회해 주도록 빈에 있는 국제 원자력 기구(IAEA)에 서한을 전달했다고 한다. 그러나 나머지 핵시설에 대한 추가 사찰 수락 여부 등에 관해서는 명확한 언급을 하지 않는 것으로 전해지고 있다.

  과연 어디까지 믿을 수 있겠는가? 일부에서는 국제적 여론과 압력에 굴복할 수밖에 없어서 어쩔 수 없이 긍정적인 태도로 변화를 가져왔다고 주장하고, 다른 한 편에서는 섣불리 고삐를 늦추면 그들 특유의 전법인 지연전술에 휘말려 갈 것이라고 주의를 요하는 견해도 있다.

  우리는 여기서 인간의 이중성, 특히 북한의 이중적 자세를 꿰뚫어 볼 수 있어야 한다. 핵 문제라는 중대 사안에 그토록 집착하여 시간을 벌고 애를 먹이는 그들의 이중성은 시간이 지나면 전모가 밝혀질 것이다.

  그렇다면 우리들은 어떠한가? 우리들의 삶 속에는 이중성이 없는가? 습관화된 이중적인 모습을 이미 오래 전부터 가지고 있지 않는가? 우리의 신앙과 생활 현장에서의 자세가 조화를 이루고 있는가? 철저한 이중성으로 점철되어 있지는 않는가?

  예수님은 연극 무대에서 가면을 쓴 사람같이 이중적인 삶을 살아가는 사람을 향해 '외식하는 바리새인'이라고 책망하셨다. 믿음과 생활의 일치가 참으로 힘들고 어렵다. 그러나 우리에게서 이중성이 엷어질수록 우리의 삶은 진실의 길을 걷게 될 것이다.

〈1994. 4. 24.〉

행복한 가정은 인내하고
협조할 때 가능하다

　이혼율이 점점 더 높아져 가는 현실이 안타깝다. 염려되는 것은 요사이 젊은 사람들보다 노부부들의 이혼이 늘어나고 있다는 사실이다. 얼마 전까지만 해도 이혼은 갓 결혼한 사람들이 서로에게 적응하지 못한 채 헤어지는 경우가 많았다. 그것은 새로운 출발을 가능하면 빨리 앞당기려는 의도가 있었기 때문이라고 분석한다. 그런데 요즘은 자녀의 양육도 다 끝내고 이제 서로를 편하게 해 주며 보람 있게 살아야 할 50대의 부부들로부터 80대 부부에 이르기까지 이혼하겠다며 자식 같은 젊은 재판관 앞에서 옥신각신하는 사람들이 많아졌다고 한다.
　지금 남아프리카 공화국의 새로운 정부의 책임자로 곧 대통령이 될 넬슨 만델라씨도 두 번이나 이혼한 경력이 있다. 세계적인 화제가 되었던 그의 두 번째 부인 위니는 만델라가 옥중에 갇혀 있을 때 수많은 후원금을 마음대로 주무르고 정치적인 활동을 맹렬히 하였다.
　경호원들이 흑인 어린이를 납치해 와서 고문하는 과정에 죽여 버린 사건이 일어났는데, 그녀도 같이 참여했다는 사실이 밝혀지면서 재판을 받게 되었고 결국 유죄판결을 받았다. 남편과 측근들의 노력으로 보석금을 주고 풀려났으나, 대통령의 꿈을 가지고 유일승천하는 그의 남편의 입지에 큰 해를 끼치게 되었다. '만델라 대통령 만들기'에 전력을 다해 온 측근들이 강력하게 이혼하기를 요구하자 만델라도 어쩔 수 없이 이혼하고 말았다. 그의 나이 70이 훨씬 넘어서였다. 그는 별거 선언에서 "우리는 여전히 사랑합니다. 여러분 내가 겪어 온 고통을 이해해 주시기 바랍니다"라고 말하고는 자리를 떠났다고 한다.

  가정의 행복은 남편과 아내의 조화에 달려있다. 조금 더 인내하고 기다릴 줄 알아야 한다. 그리고 서로가 협조하려는 의지와 노력이 필요하다. 젊은 부부들은 서로에게 인내하고 상대방을 인정할 수 있어야 한다. 지금까지 잘 참아오던 노인들도 조금 더 참고 인내하고 서로에게 협조할 수 있어야 한다. 그 때 위기는 다시 행복의 기회로 다가올 것이다. 결국 성경대로 '오래 참고, 온유하며… 서로 섬기는' 것에 행복이 있는 것이다.

〈1994. 5. 8.〉

북한을 위해서 관심을 가져야 할 때

김만철씨 가족이 남한으로 귀순해 오고, 시베리아 벌목공 5명이 서울에 도착했다. 북한에서 국제원자력기구(IAEA) 사찰단이 연변 실험로의 핵 연료봉 교환 조사를 벌이고 있었다는 보도가 나오고 있다. 이어서 일본에서 개최될 히로시마 아시안게임에 북한이 출전을 포기한다는 소식이 들려온다.

북한의 경제난이 위험수위에 도달해 있다는 것을 우리의 피부로도 쉽게 느낄 수 있는 사건들이다. 북한의 사정은 우리가 생각하고 있는 것 보다 훨씬 더 심각한 것 같다. 귀순한 김만철씨 부인은 남한 사람들이 북한에 대해서 너무 모른다는 안타까운 심정을 "기자 선생님, 몰라도 참 너무 모르십네다"하고 표현했다고 한다.

북한 주민은 강냉이밥과 죽으로만 하루 세끼를 때우고 있다. 한창 자라는 아이들이 다른 옷도 없이 3년에 한 번씩 교복만 배급받는데 그것도 바지는 여름, 겨울 구별 없이 입는다고 한다. 많은 사람들이 영양실조에 걸려있으며, 영양실조로 손톱이 빠질 뿐 아니라 옥수수를 주식으로 하는 멕시코 원주민들에게 많이 나타나는 비타민 결핍증인 펠라그라병의 흔적이 팔뚝에 흉하게 나타나 있다. 이름도 모르는 병으로 많은 사람들이 죽어가고 있다고 한다.

이런 이야기를 듣는 남한의 사람들은 어떤 반응을 보이는가? 공산주의의 실패가 고소하다는 듯이 은밀한 즐거움을 나타내 보이고 있지는 않는가?

이제 우리는 시베리아 벌목공 5명의 귀순을 보면서 더 많은 귀순 행렬이 시도될 것이라는 것을 짐작하여 흥분할 것이 아니라 우리가 준비해야 할 것이 무엇인가를 냉철하게 생각해야 할 것이다. 우선 법적 뒷받침이 되어야 하겠고, 더 나아가 북한 주민들의 고통에 대해 무관심이나 값싼 동정을 보낼 것이 아니라 바로 우리가 함께 나누어야 할 문제라는 것을 알고 마음의 준비를 해야 할 것이다. 그리고 범국민적인 후원과 함께 나누어 사는 지혜와 마음가짐을 가질 때 참된 통일이 가능할 것이다.

우리는 북한을 위해서 더 기도해야 되겠고, 우리 자신들의 삶을 잘 돌아보면서 동시에 주님의 긍휼과 은혜가 북한 주민들에 임하기를 기도해야겠다.

〈1994. 5. 23.〉

어쨌든 지하철은 달려야 한다

철도, 지하철의 파업으로 교통 대란을 겪고 있다. 더욱이 이 시기가 6·25 남침 44주년이 되는 시기요, 북한의 핵 문제로 긴장감이 고조되어 있는 상태에서 남북 정상회담을 개최하자는 논의가 오고 가는 때이며, 월드컵 본선에 나간 우리나라 축구가 사상 처음으로 16강에 진출하도록 온 국민이 성원을 보내는 이 시기에 사상 초유의 철도·지하철 연계 파업이 시작된 것은 실로 안타까운 일이 아닐 수 없다. 염려스러운 것은 철도와 지하철의 파업 사태가 갈수록 노사 분규나 노정(勞政) 갈등의 수준을 넘어서 체제와 반체제간의 일대 회전으로까지 상승될 요소를 안고 있다는데 있다. 노사간의 쟁점 사항으로 파업을 하는 것이 이제까지의 관례이지만 이번 사태는 제2노총의 탄생을 위한 전투적인 노동 운동가들의 정치 투쟁의 요소가 포함되어 있다는데 문제의 심각성이 있다. 어쨌든 이번 파업은 나라와 국민의 발을 꼼짝도 못하게 묶어 놓아 시민 생활과 산업 전반에 치명적인 타격을 가하고 있다.

정부에서는 속히 사태의 본질을 파악하여 이 문제를 장기적인 안목으로 잘 해결해야 할 것이며, 국민들도 인내심을 가지고 근본적인 문제가 해결되도록 협조해야 할 것이다.

그런데 이런 어려운 와중에서도 서울의 지하철이 잘 달리고 있다는 사실이 우리를 매우 고무시키고 있다. 전면 노조 파업에도 불구하고 경력 기관사와 파업에서 돌아 온 기관사들이 합심하여 전동차를 정상 운행시키고 있다고 한다.
　파업 첫날인 24일 새벽 4시 노조가 파업에 돌입하자 서울 시내 각 승무 사무소에 대기 중이던 기관사 출신 직원 2백 95명이 현장에 긴급 투입되어 다시 운전대를 잡았다. 여기에 복귀한 36명의 기관사 노조원도 힘을 모았다고 한다. 한 기관사의 "어쨌든 지하철은 달려야만 한다"는 말이 인상적이다. 그리고 철도청에도 시민들의 격려 전화가 많이 걸려 왔다고 한다. 팩스로 "청장님! 힘내세요"라는 격려문을 보내 온 시민도 있다고 한다. 이것은 어떤 경우이든 국민을 볼모로 자신들의 이익을 추구하는 행위는 있을 수 없다는 국민적 성토의 공감대를 보여주는 것이리라.
　집단 이기주의가 왜 이렇게 사회 전체를 흔들고 있는가? 여러 가지 복잡한 요인이 있을 것이다. 그러나 다시 한 번 냉정하게 생각해야 할 때이다. 국제 경쟁에서 승리하고 선진국 대열에 서기 위해서는 어느 때보다 국민적인 화합이 중요하며 모두가 한 발자국씩 물러서는 인내와 지혜가 필요한 때이다. 이 일들이 큰 상처 없이 속히 해결되기를 우리는 기도하면서 크리스천으로써 "대접을 받고자 하는 대로 먼저 남을 대접하라", "인자가 온 것은 섬김을 받으려 함이 아니요 도리어 섬기려 함이라"는 섬김과 봉사의 자세만이 가장 최선의 해결책임을 명심해야 겠다.

〈1994. 6. 26.〉

이슬비 전도학교의 초청장

　전도는 주님의 지상 명령이다. 그러므로 모든 성도는 전도를 해야 한다. 그런데 사실 전도한다는 것은 쉬운 일이 아니다. 힘들고 많은 수고와 희생을 동반하므로 두려워하며 아예 관심밖에 두고 살아가기가 쉽다.
　오는 8월 22일(월)~24일(수) 사이에 우리 교회에서 개최되는 이슬비 전도학교는 전도에 좀 더 손쉽게 접근하는 방법을 제시해 주는 프로그램이다. 아침 10시부터 오후 5시 30분까지의 긴 시간동안 서울 등지에서 실제로 자신들이 경험했으며, 진행되고 있는 이슬비 전도 방법을 은혜롭게 소개해 줄 것이다.
　이슬비 전도는 사람의 마음을 촉촉하고 부드럽게 적셔주는 이슬비처럼 부담 없이 정답게 받아 볼 수 있는 간단한 편지, 엽서를 통한 전도이다. 전도 대상자의 마음을 서서히 적셔 가는, 그래서 결국 성령의 비로 변화시키는 접근 방식을 사용하고 있다. 만나서 이야기하기에는 부담스럽고 어색하고 용기가 없지만, 예쁜 그림이 있고 읽을만한 가치가 있는 좋은 시나 간단한 이야기가 있어 보다 쉽게 접근할 수 있도록 돕는다. 엽서에 자신의 간단한 인사나 메시지, 또는 마음을 담는 것이 그리 힘든 일은 아닐 것이다.

이슬비 전도학교는 목회자가 시작하여 발전시킨 것이 아니라 평신도인 장로님 한 분이 기도하면서 시도하여 많은 열매를 맺게 되자 전국적으로 소개하기에 이르렀다. 전도는 반드시 해야 한다. 주님의 백성이라면 당연히 기쁨으로 순종하면서 따라야 한다. 이슬비 전도학교 프로그램은 우리가 시도해 볼 수 있는 하나의 훌륭한 전도방법이라고 생각된다. 이 프로그램은 강의 시간에 잘 출석하여 듣고 은혜를 받아야 한다. 장년은 물론 청년, 학생들까지 다양하게 전도접근에 대한 동기를 얻게 될 것이고, 전도 후의 육성 문제까지도 취급하는 프로그램이므로 큰 유익이 있을 것이다.

전도 방법 중에 이것이야말로 최상의 것(the Best)이라고 말할 수 있는 것은 없다. 모든 것이 장점이 있고 보충할 점이 있게 마련이다. 이슬비 전도학교 프로그램도 최상의 것은 아니다. 그러나 상당히 유익을 주는 것임엔 틀림이 없을 것이다.

여름의 마지막을 장식할 이슬비 전도학교는 제 1회 전교인 수련회를 통해서 하나님의 오묘하신 사랑과 기도의 응답을 체험하고 우리 교회를 향하신 하나님의 사랑을 확신하며 같은 사랑으로 하나된 우리 모두에게 주시는 주님의 은혜라고 생각된다. 믿음의 전진과 하나님 나라를 위한 가치 있는 봉사의 기회가 될 것이다. 그러므로 성의를 다하여 참석하여 황석산 수련장을 활활 태우던 우리의 사랑과 찬양과 헌신의 불꽃이 이제 본격적으로 승화되는 계기가 되기를 빌면서 모든 성도들에게 초청장을 보낸다.

〈1994. 8. 7.〉

사탄의 문화, 뉴에이지 운동을 경계하자

"성경을 읽으려고 펴 들면 내가 좋아하는 가수의 얼굴이 떠올라요. 눈으로는 하나님 말씀을 읽지만 머리 속은 전혀 아니에요. 아저씨 어쩌면 좋죠? 우리 부모님이나 교회 전도사님께 말씀드리고 싶지만 야단만 맞을 것 같아 아저씨께 편지를 보냅니다."

이 글은 라디오 프로그램 진행자인 어느 연예인 집사에게 보내 온 십대의 상담편지 내용이다. 교회에 출석하는 학생들조차 좋아하는 가수, 영화배우, 스포츠 스타, 개그맨과 만화가 등에 마음을 빼앗기고 있다면 대중문화는 이미 젊은이들을 점령해 버린 것이나 다름이 없지 않겠는가? 사탄은 이제 순교자의 피를 요구하는 대신 대중문화 속에 침투하여 자연스럽게 기독교인들의 마음을 빼앗고 거기에 죽음의 메시지를 집어넣어서 오염시키고 파괴시켜 가는 전략을 선택했다.

비디오, 영화, 락 뮤직, TV 프로그램 등 대중매체를 사용하여 기독교인, 특히 젊은이들의 마음을 빼앗는 사탄의 측면 공격은 뉴에이지를 통한 침투 방법으로 수법이 교묘하고 광범위해서 구별해 내기 어려운 형편이다. 뉴에이지는 "하나님은 죽었다", "예수 그리스도는 끝장났다"고 외치며 석가나 공자, 마호메트나 힌두교의 신들을 예수 그리스도와 같은 위상에 올려놓고 있다.

모든 것은 마음먹기에 달린 것이며, 그리스도만을 통해서 구원받는 것은 아니라고 떠든다. 또 무엇이 핵심인지 모르게 뒤섞어 버림으로 하나님의 메시지와 사탄의 요구 사이에서 혼동하도록 유도한다. 뉴에이지 운동은 세속적 인본주의를 기초로 한 것으로 창조주 하나님을 인정치 않고 인간의 한없는 자유를 주장한다. 세계관의 기초로 하나님이 아니라 과학주의를 신봉하면서 창조론을 배격하고 진화론을 주장한다. 그들은 영적 존재보다 물질적 존재를 인정하고 성경이 요구하는 절대 윤리보다 상황 윤리를 따른다. 삶의 목표는 내세가 아니라 현세적이며 예수님 중심이 아닌 자기 중심적이다. 이렇게 무섭게 파고드는 뉴에이지 운동을 우리는 경계해야 한다.

그들이 사용하는 심볼도 다양하다. 영화, 음반, 책표지, 목걸이 등에 표시된 상징이나 마크는 5각형 별, 삼각형(피라미드), 원, 이집트인들이 쓰던 앵크 십자가, 무지개, 6선형으로 된 다윗의 별, 태양, 나치스가 쓰던 어금 꺾쇠 십자 모양(卍자), 전능자의 눈, 수레바퀴, 그 열매를 먹으면 황홀경에 들어가며 속세의 시름을 잊는다는 망우수(lotus), 수정, 다이아몬드, 용 또는 크고 독이 있는 뱀, 음과 양, 유니콘, 페가수스, 센토, 인어, 황소머리, 뿔 있는 염소, 반달과 별 모양 등 실로 다양하게 나타난다.

사탄이 대중 문화 속으로 이렇게 깊숙이 과감하게 쳐들어오고 있는데 교회는 어떻게 대처해야 할 것인가? 우리 모두는 하나님 나라를 위해 자신을 활용해야만 한다. 분명한 방법은 몰라도 최선을 다했던 다섯 달란트, 두 달란트 받은 종들처럼 열심히 해야 할 것이다. 그리고 우리는 하나님의 백성으로서 세상의 빛과 소금의 사명을 감당하기 위한 작은 노력부터 시작해야 할 것이다.

우리의 마음이 어디로 향하는가, 어떤 일에 신경을 쓰는가? 우리는 세상 사람들과 구별된 하나님의 선민으로, 거룩한 백성으로 부름 받았음을 알고, 대중 문화 속으로 침투하는 사탄의 모습과 메시지를 구별해 내며, 하나님의 뜻을 살펴서 지켜 나가는 착하고 충성된 종의 길을 걸어가야 할 것이다.〈1994. 8. 21.〉

인구 문제 전쟁을 보면서

지난 9월 5일에서 13일까지 이집트 카이로에서 국제인구 회의가 열렸다. 1백 70개국 대표가 모여서 지구의 인구를 최대한 제한하기 위해 적극적인 방법들을 동원하였다. 지구를 실업, 환경 오염, 기아, 경제 난민 등의 심각한 문제들에서 구해내야 한다고 뜻을 모았다. 반면, 회의가 시작되기 전부터 로마 카톨릭교회는 강력한 반대 의사를 표현했고, 회교 과격 단체들은 참석자에 대한 테러를 공언할 정도였다.

　인구 문제가 참으로 심각하다. 예수 그리스도께서 태어나실 때의 지구 인구는 1억 7천만 명 정도였다. 그 후 로마제국 시대였던 200년에는 1억 8천만 명, 1000년에는 2억 6천 5백만 명, 1500년에 4억 2천 5백만 명, 1804년에 10억 돌파, 1927년에 20억 돌파, 1959~1961년에 30억 돌파, 1974년에 50억이 돌파되었다. 오늘날 인구는 56억 명으로 2천 년만에 33배 증가되었다. 1998년도에는 60억이 돌파되고 2000년에는 62억 2천 8백만 명, 2008년에 70억, 2019년 80억, 2034년 90억, 2050년 100억, 2087년에는 110억 명 돌파가 예상된다고 한다. 성장 속도에 있어서는 1804년 인구가 10억에서 20억으로 증가되는데는 1백 23년이란 세월이 걸렸는데 비해, 20억에서 30억은 33년, 30억에서 40억은 14년, 40억에서 50억은 단지 13년이 걸렸고, 11년만인

1998년에 60억 돌파가 예상되고 있다.

  UN의 통계에 의하면 현재 매일 인구가 25만 명 증가되고 있고, 한 달에 7백 75만 명, 1년에 9천 4백만 명이 증가된다니 놀라울 따름이다. 문제의 심각성은 현재 56억 인구의 1/3이 넘는 20억 명이 수돗물 배급을 제대로 받지 못하고 있으며, 7억 5천만 명이 영양실조로 죽고, 치료 불가능한 질병으로 죽는 아이가 해마다 1천 4백만 명이나 된다는 데 있다. 이런 상태가 계속 되면 80억 인구가 돌파될 때 '과연 안정적 공급이 제대로 될 수 있겠는가?' 하는 염려가 생긴다.

  미국의 환경연구 단체에서는 식량 생산도, 경작 가능 면적도, 어획고도 감소하거나 제자리걸음에 머무르는 추세이며 생태계 전체가 이미 곤경에 처해 있다고 말한다. 또 1999년쯤에는 64개 국가에서 10억 명 가량의 인구를 먹여 살릴 수 없는 형편이 될 것이라고 한다. 더 심각한 것은 계속해서 인구가 엄청나게 증가되고 있는 아프리카의 경우 20~30년 내에 인구가 두 배로 늘어나며 대량 기아사, AIDS, 말라리아 등의 병과 내전, 학살, 테러 등에 의한 참혹한 사태가 예상된다는 것이다.

  UN 인구 기금은 피임도구 보급과 교육으로 2015년까지 전 세계 출생률을 가족 당 2.1명(사망과 출생이 균형을 맞추는 출생률)까지 떨어뜨리고자 하는데, 이것이 성공될 경우 2050년에는 인구가 78억 명 수준에 머무르게 될 것이라고 한다.

  이런 심각한 인구 문제에 대해 우리는 관심을 가지지 않을 수가 없다. 카이로 국제회의가 피임, 성교육, 낙태까지 허용하여 인구 문제를 해결하려고 결의를 했으나 과연 어느 정도의 효과가 있을 것인지를 생각해 보아야 한다. 더욱 더 기억해야 할 것은 이 인구 제한의 적극적인 정책에는 자칫 하나님께서 인간에게 주신 고귀한 생명을 천시하게 되고, 함부로 다루게 되며, 인간이 조절할 수 있는 것으로 잘못 판단할 수 있는 위험이 따르게 된다는 사실이다.

 생명의 주인은 하나님이시다. 그렇다면 인류의 행복도 하나님께서 책임져 주실 것이다. 근본적인 해결책은 먼저 인간이 하나님 앞으로 돌아와서 여호와 하나님께서 인간을 창조하신 그 목적대로 사는 것이다. 말씀 앞에 바로 서고 도덕적, 윤리적 순결을 지키며 하나님의 법안에서 살 때 인구 문제에 대한 근본적인 해결책이 나올 수 있을 것이다.

 여호와께서 집을 세우지 아니하시면 세우는 자의 수고가 헛됨을 바로 알고 하나님께서 우리에게 원하시는 뜻이 무엇이며 하나님의 형상대로 지음 받은 우리가 어떻게 살 것인가 고민하는데서 인구 문제의 근본적인 부분이 해결될 수 있을 것이다.

〈1994. 9. 18.〉

태양사원 집단 자살이 주는 경고

지난 5일 새벽 스위스의 두 농촌 마을에서 광신도 48명이 집단 자살한 사건이 일어나자 전 세계는 또 다시 경악하며 충격에 빠졌다. 많은 사람들은 이 사건을 보면서 지난 1993년도 미국 텍사스주 웨이코와 16년 전 남미 가이아나에서 벌어진 인민사원 집단 자살의 악몽을 연상시켰다.

1978년 미국 사교 집단인 '인민사원'의 교도 9백 14명이 교주 짐 존스의 주도로 남미 가이아나의 한 정글에서 집단적으로 자살한 사건과 지난 해 미국 웨이코에서 80명의 성도가 무차별 총격 끝에 화재를 일으켜 집단적으로 자살한 이 사건들이 도대체 21세기를 내다보며 첨단 과학 시대를 살아가는 이 때에 가능한 것인가?

금번 스위스 집단 자살 사건은 소위 '태양사원 공단'이라고 불리는 신자들이 자칭 재림 예수라 하는 스위스 출신 민간요법 치료사 퀵 주레 (46세)의 인도에 따라 스위스의 두 마을에서 농가를 빌려 비밀 집회를 가지던 중 잘못된 종말론에 심취된 것이 불행의 원인이 되었다. '태양의 사원 교단'은 전 세계에 알려진 사교 결사체로 신도들 대부분이 종말론에 심취되어 결혼도 미루고 '인류의 멸망 시나리오'에만 매달린 채 요한계시록에서 종말과 관련된 구절을 취사 선택해 어떤 마법의 힘과 연결시키고 있다고 한다. 이들은 인류 최후의 전쟁인 아마게돈에 대비해 사원 무기고 안에 무기를 준비해 두기도 했으며, 아마게돈 성전을 위해 목숨까지 희생하도록 요구받기도 했다. 스위스뿐만 아니라 캐나다 모랭 하이트 지역에서도 의문의 화재가 발생해 2명의 신원을 알 수 없는 사람이 숨졌는데 태양의 사원 교단과 연루된 것으로 보고 있다.

교주 퀵 주레는 벨기에 출신인데 동종 모범 의사로 활동했으며 강력한 종말론적 요소들에 근거한 신비주의 전통을 믿었고 조만간 말세가 닥칠 것을 기대했다. 그는 지난 10년 동안 스위스 각지를 돌며 여러 차례의 강연을 가지면서 그의 종교 기반을 다져왔다. 그는 지난 해 미국 텍사스 와코에서의 집단 자살 사건 이후 캐나다 언론에 크게 보도되었고 무기 소지 혐의로 체포되어 1천 달러의 벌금을 물고 석방되기도 했다.

어떻게 이런 사건이 일어나게 되었을까? 영국의 한 종교 전문가의 말대로 '종교 지도자 퀵 주레가 어떤 압력을 받고 있으면서도 출구를 찾지 못하자 웨이코 사태처럼 집단 자살을 해결책으로 찾은 것 같다'는 것이 일리가 있는 것 같다. 그렇다면 스스로 '새로운 예수'라고 주장하며 신도들을 미혹해 왔던 그가 거짓 선지자요, 사기꾼임이 증명되는 것이 아닌가?

집단으로 숨진 스위스의 전원 마을 셰리 주민들에 의하면 이 신자들이 항상 옷을 잘 입고 예의 바른 사람들이었으며 단순히 '장수식'에 관심이 있어 채소를 가꾸려고 이주해 온 사람들로 알았다고 한다. 이런 점에서 우리는 철저히 자신들을 숨기고 외면적으로 분간할 수 없게 하는 사교도의 특징과 동시에 사탄의 영에 빠지면 별 수 없이 끌려가며 결국 생명까지도 버리게 되는 이 무서운 악령의 권세를 경계하지 않을 수가 없다.

우리는 이 어처구니없는 사태를 보면서 말씀 위에 굳게 서야 하겠다. 미혹하는 자들을 멀리 하며, 항상 깨어서 근신하며 기도하고, 이 시대를 본받지 않고 분별하는 영적 지각력을 가진 성도가 될 수 있도록 노력해야겠다.

〈1994. 10. 9.〉

존경받는 정치인, 잠롱

　정치인이라는 직업 자체가 존경받기 어려운 직업이 아닐까? 성수대교를 비롯해 각종 사고가 연달아 터지자 여러 공직자들과 정치인들이 곤욕을 당하고 있으며, 검찰이 12 · 12 사태를 '군사반란'으로 규정해 버리자 거기에 연관된 많은 정치인의 입지와 명분이 약해져 버렸다. 또한 요즘 계속해서 일고 있는 고 박정희 대통령에 대한 엇갈리는 평가에서 존경받는 정치인이 된다는 것이 얼마나 힘든가하는 것을 새삼 느낄 수 있다.
　그런데 최근 태국 부총리로 입각한 잠롱 스리무앙 전 방콕 시장은 '미스터 클린'이란 별칭을 얻으며 계속해서 많은 존경을 받고 있다고 매스컴들은 보도하고 있다. 그가 많은 사람들의 관심을 끌며 존경받고 있는 직접적인 원인과 계기는 방콕 시장 시절 자기의 봉급을 몽땅 불우이웃을 위해 기부하고 자신은 친구의 집에 더부살이하는 등 순수한 선행을 많이 베풀었기 때문이다.
　특히 금번에 부총리로 입각하자마자 자신의 봉급을 한푼도 남기지 않고 전액 자선단체에 헌납하겠다고 밝힘으로 또 한 번 '청백리'의 모범을 보였다고 한다. 그는 입각 후 가진 기자 회견에서 "내게는 돈이 더 있을 필요가 없다"고 밝혔다.

이것은 결코 쉬운 일이 아니다. 그렇다면 이런 청백리 정신은 어디에서 나오는 것일까? 그것은 자신의 욕심을 버리고 근검 절약하는 삶을 만족하는데서 출발되는 것이다. 그의 이 사상은 실제 생활 속에서도 잘 나타난다. 그는 생활비는 부인이 운영하는 조그만 가게의 수입이면 충분하므로 더 이상 돈에 대한 욕심을 가질 필요가 없다고 한다. 그리고 양복대신 반팔 농민복 '모홈 셔츠'를 즐겨 입는다. 양복은 지난 해 필리핀의 막사이사이상을 수상할 때 처음 입어 보았다고 고백하면서 "무명 적삼 모홈 셔츠야말로 태국인의 전통적 남성 복장으로 어떠한 장소에도 어울리며 오히려 자랑스런 복장"이라고 강조한다. 우리나라의 가나안 농군학교의 교장이었던 고 김용기 장로를 연상시키는 듯한 인물이다. 고 김장로도 국민복에 고무신을 신고 막사이사이상을 수상했었다.

잠롱 부총리는 까까중 머리, 소위 '잠롱 헤어스타일'을 유행시키며 아침 한 끼만을 먹는 1일 1식과 채식주의 생활을 고수하고 있다. 그리고 고위 공직자들에게 제공되는 관용차, 운전기사, 경찰의 사이드카 경호도 거절하고 출퇴근 때는 관용차 대신 한 독지가로부터 기증 받은 낡은 픽업 트럭을 이용하겠다고 말했다.

그는 존경받는 정치가로 전 세계에 보도되고 있다. 우리가 어디에서 무엇을 하든지 존경받는 자리에 있어야 된다는 것은 아주 자명한 이치이지만 결코 쉬운 일이 아니다. 뚜렷한 사상, 고매한 인격, 부정과 부패와 유혹을 물리치는 결단, 욕심을 멀리하고 자족하는 자세가 있어야 한다.

우리는 잠롱씨가 독실한 불교 신자라는데서 느끼는 바가 있어야 한다. '세상의 빛과 소금'으로 부름 받은 우리는 당연히 존경받는 사람이 되어야만 한다는 것이 성경의 가르침임을 명심하자.

〈1994. 11. 6.〉

예수님을 모신 성탄절

미국의 어느 화려한 예배당에서 예배가 진행되고 있었다. 그 때 흑인인 한 여인이 예배를 드리기 위해 예배당 안으로 들어섰다. 그러자 안내하던 백인 성도가 그 여인을 제지했다. 이유는 흑인이므로 예배당에 들어올 수가 없다는 것이었다. 쫓겨난 이 흑인 성도는 벤치에 앉아 흐르는 눈물을 참지 못한 채 울고 있었다. 그 때 누군가가 자신의 어깨를 두드리면서 "왜 우느냐"고 물었다. 자초지종을 이야기하면서 이럴 수가 있느냐고 하소연하자 그 사람은 "나도 당신처럼 쫓겨났소"라고 말했다. 여인이 고개를 들어서 그 사람을 바라보니 그 분은 바로 예수님이셨다. 예수님께서도 그 교회당에서 쫓겨나신 것이다. 그것도 예수님 오신 날을 기념하며 예배드리는 성탄절 전야에.

성탄절의 의미도 제대로 모르는 많은 사람들이 오히려 더 극성이다. 돈이 없다고 인색하던 사람들이 호텔, 식당 등으로 몰려 이름난 곳은 이미 오래 전에 예약이 끝났고 전국의 유명한 곳으로, 해외로 몰려다니고 있다. 화려한 네온사인, 값비싼 선물 상자, 밤새워 즐기는 각종 올나이트 프로그램, 젊은이들은 위험 부담과 야릇한 기대감을 가지고서 성탄절을 즐기기 위해 온갖 구상을 하고 있고, 청소년들도 들떠서 죄의식은 전혀 가지지 않은 채 겁없는 행동을 과감하게 행하고 있다.

성탄절을 가장 의미 있게 보내는 방법은 예수님을 모시고 지내는 것이다. 내 마음 속에 먼저 예수님을 모셔야 한다. 예수님이 이 땅에 오신 목적은 바로 죄인인 나를 구원하기 위한 것임을 가장 심각하게, 중요하게 알아야 한다. 그리고 우리 가정에서도 주님을 모신 성탄절을 맞이해야 한다. 예수님은 우리 가정의 구세주로 오셨다. 따라서 모든 가족들은 예수님의 나심을 기뻐하고 축하해야 한다. 예수님 없는 성탄 행사는 핵심이 없는 것이며 아무런 의미가 없이 겉만 맴도는 놀이에 불과한 것이다.

　교회 밖으로 쫓겨난 예수님! 그 분을 쫓아낸 사람들은 예수님이 이 땅에 오신 목적을 바로 알지 못하는 사람들이다. 그들은 예수님 없이 성탄절을 즐기려는 사람일뿐이다. 성탄절은 예수님이 오신 날이다. 그러므로 교회의 모든 행사는 예수님이 그 가운데 계셔야만 한다. 예수님께 드리는 예배, 예수님만 높이는 찬양, 예수님 안에서의 성도의 교제가 이루어질 때 성탄절의 의미는 부각되고 올바른 성탄을 보낼 수 있을 것이다. 예수님을 내 마음 속으로, 우리 가정과 교회 안으로 모시는 성탄절이 되어야겠다. 그리고 그것이 단 하루만으로 끝나서는 안 된다. 일년 내내, 그리고 주님 오실 때까지 계속되어야 한다.

〈1994. 12. 25.〉

제 2부
10원을 나누는 아름다운 삶

17. 일본 관서지방의 대지진을 보면서
18. 친일파 후손의 상속재산 희사
19. 한 안과 의사의 인생관
20. 오우무 진리교의 허상과 교훈
21. 안심할 수 없는 세상
22. 좋은 아내가 됩시다
23. 아름다운 유산
24. 통일 염원을 담은 쌀
25. 백범의 섬김의 정신
26. 역사를 찾는 사람
27. 경계 심리에서 부요 의식으로
28. 보는 눈의 차이
29. 특별 새벽기도에 성공하기 위한 방법들
30. 사람에겐 나름대로의 역할이 있다
31. 돈이 보낸 편지
32. 10원을 나누는 아름다운 삶

일본 관서지방의 대지진을 보면서

지난 1월 17일 새벽 일본 서부 지역을 강타한 대지진은 막대한 인명, 재산 피해를 입혔을 뿐만 아니라 일본인의 영적, 정신적 가치관을 뒤흔들어 버린 참사로 기록될 것 같다. 일본의 교만함을 여지없이 무너뜨려 버린 강진이었다. 미국 샌프란시스코의 지진 때 고속도로가 무너지자 일본이 만드는 고속도로는 어떤 지진에서도 끄떡없다고 큰 소리 쳤는데 그 고속도로가 무참하게 허물어져 버렸다.

지진을 미리 대비하여 탄탄하게 지었다는 건물, 아파트, 집들이 비참하게 쓰러지며 불타는 것을 보고 허탈감에 빠질 수밖에 없게 되었다. 인간 능력의 한계를 뼈저리게 느끼게 한 자연의 위력 앞에서 그들도 겸손해져야 할 것이다.

특히 이번 지진으로 고베에서 유명한 이쿠타 신사가 완전 붕괴되었으며 헤이안 시대 초기에 만들어진 고류사의 목조 부처상 3개가 부서졌다. 세계 문화유산의 하나로 지정된 도사의 기와가 떨어져 나갔고, 일본의 국보급 보물로 여겨온 세이료사의 부처상 6개가 일부 파괴되었으며, 니시 혼간사 정원의 석등 일부가 무너져 내리는 등 일본의 정신적 지주 역할을 해오던 신사와 사찰의 다수가 붕괴되거나 파손되었다.

그러나 일본은 미국의 지진 탐사 기술과 스위스의 지진 시별에 도움이 되는 군견 파송만 받고 한국을 비롯한 다른 나라의 호의와 원조를 거부하고 있다. 교만함일까? 자존심일까? 어쨌든 인도적인 차원에서 그들의 아픔을 동정하고 위로하고 그들의 영혼을 위해 기도해야 하는 것이 우리 기독교인들의 책임이다.

지진으로 인해 생기는 물과 음식물 등의 부족이라는 문제 앞에서도 애써 침착한 그들의 모습은 의연하게 보이며 선진국 시민다운 침착한 모습이었다. 그러나 우리는 일본 국민들의 차디찬 모습과 원조에 대한 소극적인 자세도 눈여겨 보아야 할 것이다. 1923년 동경을 비롯한 관동 대지진 때, 그 지진의 와중에서도 조선인이 우물에 독약을 넣었다는 등의 유언비어를 퍼뜨리며 죽창을 들고 보이는 대로 우리 한국 민족을 무참하게 죽였던 사실도 우리는 한번쯤 떠올려야 할 것이다.

영적 분별력을 가진 사람은 금번 지진이 하나님의 심판의 서곡이라는 것을 깨달을 수 있을 것이다. 하나님의 능력 앞에서 인간의 부와 평화가 무슨 힘이 있겠는가? 우리는 이번 지진을 보고 또 지구촌에 잇따르는 재앙을 보면서 말세의 징조를 더욱 더 가까이서 느낄 수 있다는 사실을 염두에 두어야 하겠다. 정신을 차려 깨어서 기도하라는 말씀을 되새기며, 재앙이 임하기 전에 한 영혼이라도 더 구원하여 주님 앞으로 인도하여야겠다는 복음 전도에 대한 긴급성을 가져야겠다. 그리고 우리의 삶은 오직 하나님의 은혜에 있다는 것을 확실하게 정립해야 될 것이다.

〈1995. 1. 22.〉

친일파 후손의 상속재산 희사

요즘 서울에서는 조선일보사 주관으로 '이승만과 나라 세우기 특별 기획전'이 열리고 있다. 1919년 상해 임시 정부의 첫 번째 대통령이자 1948년 대한민국 초대 대통령인 이승만의 90년 생애를 역사의 흐름 속에서 살펴보는 이 특별 전시회는 광복 50년, 조선일보 창간 75주년을 맞이해 예술의 전당에서 열리고 있다.

'이승만과 나라 세우기 전시회'는 이승만의 탄생, 항일 옥중 생활, 미국유학과 국제무대에서의 독립운동, 대통령 취임과 6·25, 4·19와 하야, 하와이 망명 그리고 유해로 환국 하기까지의 90년 간의 그의 생애 속에 나타난 구한말과 일제통치, 광복, 건국 등 한국 역사의 격변기를 대변해 주고 있다. 그에 대한 평가는 다양하지만 1965년 7월 서울에서 열린 그의 영결식에는 그가 쫓기듯 조국을 떠날 때와는 달리 수많은 백성들이 참가하여 국립묘지로 향하는 길에서 애도하며 거리를 메웠다.

이승만과는 다른 입장에 있는 사람이 있다. 구한말의 대표적인 친일파 송병준이다. 그런데 그의 후손이 수천 억 원대의 부동산을 장애자들을 위한 기술대책 설립비용으로 선뜻 내어놓아 화제가 되고 있다. 송병준의 증손자인 송 모씨는 증조부 송병준과 조부의 명의로 되어 있던 시가 5천억 상당의 부동산을 사회복지법인 승덕원에 기증했다.

이 엄청난 재산을 사회에 기증하게 된 사유는 친일파이자 민족의 반역자로 역사에 기록되고 있는 선대의 땅을 물려받아 편안히 살기에는 양심이 허락지 않을 뿐더러 이를 되찾는 과정에서 친일파 시비에 말려들기 싫었기 때문이라고 한다. 재산을 기증한 장본인은 젊은 시절 모회사에 근무할 때 친일파의 후손임이 밝혀진 후 따가운 눈총을 견디다 못해 사직하였던 개인적인 비화도 가지고 있다고 한다. 5천억 상당의 재산을 선뜻 내놓은 당사자는 지금 전세 4천만 원짜리 15평 주공 아파트에서 노모를 모시며 넉넉지 못한 생활을 하고 있는데, 그는 많은 재산을 기증하면서 "좋은 일에 쓰이기를 바란다"는 한마디만 했을 뿐이었다.

여러 가지를 생각케 하는 이야기이다. 조상 때문에 잘 살고 명예를 얻는 사람이 있다. 이승만 대통령의 가족들은 아직도 명예와 부를 누리고 있다. 반면 송병준의 자손은 정신적 고통과 생활의 어려움을 가지고 살아간다.

'무엇을 했는가? 무엇을 남겼는가?'는 후대에 역사의 평가와 함께 자손들에게 상당한 영향을 줄 수밖에 없다. 그 당시에 누가 송병준을 얕보며 함부로 대할 수 있었겠는가? 엄청난 권세와 부와 영화를 누리면서 악착같이 재산을 모았을 것이다. 그런데 수십 년 지난 후의 상황은 많이 가진 그 자체가 부끄러울 뿐이며 떳떳하게 권리행사도 못해보고 사용하지도 못하게 되어 버렸다. 그 후손의 결정은 상당한 고민 끝에 이루어졌을 것이다. 재산은 없어져도 마음의 고통은 한결 가벼워질 것이다. 세인들의 눈도 많이 부드러워질 것이다.

땅의 주인은 하나님이요, 하나님께서 모든 재산을 우리에게 맡기셨다. 그러므로 우리가 어떤 방법으로 재산을 얻었으며, 그것을 어떻게 사용했는가에 따라서 평가를 받게 될 것이다. 기억할 중요한 것은 재물을 얻기 위해 성실하게 수고하고 노력하는데 까지는 좋았는데 그것을 잘못 사용함으로 실패하는 경우가 너무도 많다는 것이다.

성경의 교훈은 "하나님과 재물을 동시에 섬길 수 없다"는 것과 "네 보물이 있는 곳에 네 마음이 있다는 것." 그리고 "도적도 없고 좀이나 동족도 없는 하늘에 보화를 쌓아 두라"는 것이다.

〈1995. 2. 12.〉

한 안과 의사의 인생관

 장년들 중에서 '공병우식 타자기'를 모르는 사람은 거의 없을 것이다. 1949년에 최초의 한글 타자기를 만든 공병우 박사의 이름을 본 따서 붙여진 이 타자기는 한글 타자기의 효시였다. 최근 그 주인공 공병우 박사의 죽음이 보도되면서 또 다른 그의 인생관을 볼 수 있었다.
 공병우 박사는 원래 안과의사였다. 그는 한 시대의 명의로써 명성을 독차지하며, 의료 불모 시대의 개척자로써 큰 기여와 공헌을 하였다. 일제시대에 나라를 빼앗기고 나중에는 이름까지 빼앗기게 되는 기가 막힌 형국에 이르자 그는 "나는 죽었다"고 선언하고 그 가슴에 묻힌 망국의 한을 열화 같은 나라 사랑으로 바꾸어 한글 사랑을 불태우게 되었다. 누구의 도움도 없이 스스로 타자기의 구조를 연구했고, 1949년에는 한글 타자기의 대명사가 된 공병우식 한글 타자기를 만들기에 이르렀다.
 처음에는 고성능의 세벌식 타자기를 만들어 보급했고, 이어서 한글 텔레타이프 점자 타자기, 한글 워드프로세서까지 개발해 냈다. 한글 기계화와 타자기에 대한 그의 수고와 선구적 공헌은 이만큼 눈부시다. 그러나 많은 사람에게 더욱 더 감동을 주는 것은 그의 죽음이다. 가족과 후배들에게 일체 알리지 못하게 하고 장례 절차마저 거부했다. 그의 몸의 장기를 기증하려고 했으나 노환으로 불가능하게 되었다. 그러나 그는 포기하지 않고 자신의 시신을 의학도를 위한 해부용으로 세브란스에 기증했다고 한다. 다른 사람들과 비교해 볼 때 그는 분명히 가치 있는 삶을 산 사람이다. 그의 애국심, 한글 사랑으로 만들어 낸 한글 타자기, 그리고 시신 기증 등은 이기주의가 만연되어 있는 이 시대의 많은 사람들이 가지지 못한 용기와 열정과 결단력 속에서 이루어진 것이다. 우리는 한 의사의 인생관을 보면서 공감하는 부분도 있고 감동 받는 부분도 많다.

여기서 분명히 알아야 할 것은 우리의 인생에게는 죽음 이후의 또 다른 세계가 있다는 사실이다. 내세, 즉 우리가 하나님 앞에 설 것을 아는 성도들이 하나님 나라에 대한 소망을 가지고 이 세상의 생활을 더 분명하고 확실하게 해야 될 것은 자명한 사실이다.

성경은 모든 사람에게 주어진 달란트를 이 세상에 살 동안 효과 있고 보람 있게 사용해야 할 것을 말씀한다. 한 달란트 받은 종은 일하지 않고 그대로 달란트를 내놓았으므로 심한 책망과 꾸중을 듣고 바깥 어두운 곳으로 쫓겨 나가는 신세가 되고 말았다. 반면에 열심히 일하여 각각 다섯 달란트와 두 달란트를 남긴 종들에게는 칭찬과 상급이 주어졌다.

한 의사의 인생을 보면서 구원받은 성도로써 이 세상에서 각자에게 주어진 기간 동안 어떻게 살아야할 것인가, 무엇을 위하여 나의 달란트를 사용해야할 것인가를 깊이 생각하면서 주님 앞에서 계산할 시간을 항상 염두에 두는 지혜를 가져야 할 것이다.

〈1995. 3. 12.〉

오우무 진리교의 허상과 교훈

일본 도쿄 지하철 가스 살인 사건이 발생한 후 유명하게 된 것이 오우무 진리교이다. 이 오우무란 단어는 원시 불교에서 수행할 때 사용하는 의성어 '옴'의 일본식 표기이며, 수행 시에 "옴"이란 소리를 내면 정신이 통일되고 소리에 빨려 들어가 득도에 도움을 준다는 것이 종교학자들의 설명이다. 옴(Aum)이란 단어중 A는 우주창조, U는 유지, M은 파괴를 의미한다는 설명도 있다.

교주 아사히라(40세)는 원래 무면허 약장수였다. 그러나 진리교 측은 전설 속의 이상향 '샨바라'에서 살다가 이 세상을 구제하기 위하여 1955년 구마모토에 강림했다고 주장한다. 6살 때부터 시력이 나빠져 구마모토의 맹인학교를 졸업한 그는 1977년 수행에 들어가 진리를 깨달았다고 주장한다. 특히 1981년 쿤다리니(영적 에너지)가 발산되었고, 1985년에는 몸이 공중에 뜰 수 있게 되었으며, 1986년에 히말라야 산 속에서 모든 진리를 깨닫고 모든 것에서 해방되었다고 주장하는 그는 1989년 종교단체로 등록하였고 1990년 진리당을 결성하였다. 그리고 자신과 신자 25명이 중의원 선거에 출마하였으나 모두 낙선의 고배를 마셨다.

아사히라는 1982년 6월 가짜 약 판매 사건 때 약사법 위반 혐의로 유죄선고를 받은 적이 있다. 그리고 평범한 물을 신통력 있는 물이라해서 고액에 팔기도 했고, "교주의 피는 특수한 DNA 구조로 되어 있다"고 하며 피까지 팔았다.

특히 맹랑한 것은 "2003년 핵전쟁이 일어나 인류는 멸망한다"고 포교해 왔다는 것이다. 그리고 교주 아사히라가 우주의 창조, 유지, 파괴를 주관할 수 있으며, 그의 설교를 듣고 수행하면 핵전쟁에서도 살아남아 절대 자유, 절대 행복을 얻을 수 있다고 주장해 왔다는 것이다. 이것은 전형적인 사교 단체의 방법일 뿐이다.

"세상은 곧 끝난다"는 설명을 하면서 모든 재산을 다 빼앗고, 예금통장, 토지문서, 벽시계, 서랍장 등 전 재산을 총본부 및 지부에 보관하였다고 한다. 이뿐만 아니라, 저금통장의 금액, 구좌번호, 비밀번호까지 전화카드는 잔액, 주식은 최근 주식 동향까지 적어내도록 하였는데 물건들은 값비싼 순서로 적어야 하며 구입가격, 사용 년도 역시 기재했다고 한다. 이 역시 전통적이 사교 단체의 방법일 뿐이다.

또한 아사히라를 압수 수색하기 하루 전인 3월 21일, 블라디보스토크의 방을 통해 "드디어 너희들이 나를 도울 때가 왔다. 죽음을 앞두고 결코 후회하지 않도록 행동하라. 이제 함께 구제 계획을 실행하자. 후회 없는 죽음을 맞자"라고 최후의 결사투쟁을 외쳤다고 한다. 때맞추어 한국에서도 다미 선교회 예수 재림사건 이후에 또 다른 사교 단체들이 등장하여 4월 16일 부활절에 예수 재림하신다, 휴거 된다고 야단법석을 하고 있다.

성경은 "마지막에 거짓 선지자가 출현할 것이며, 많은 사람이 미혹당할 것이다. 그리고 그 시와 때는 아무도 알지 못할 것이며 아버지 하나님만 아신다"고 말씀한다. 앞으로 계속해서 사교와 거짓 선지자들이 출현할 것이며 미혹되는 사람들이 있을 것이다. 그러므로 우리는 깨어서 바른 진리를 파수하고 전해야 될 사명을 다시 한 번 깨닫게 된다.

〈1995. 4. 2.〉

안심할 수 없는 세상
(오클라호마시 폭탄 테러를 보고)

1974년도에 건축된 9층 짜리 알프레드 메레이 연방정부 건물의 차량폭탄 테러 사건으로 2백 30여명이 사망, 또는 실종되고, 400여명의 부상자가 발생하였다. 오클호마주 오클라호마시에서의 이 충격적인 사건은 한마디로 이 지구상에 마음놓고 안심하며 살만한 곳은 아무 데도 없다는 것을 보여준 사건이다.

일본 도쿄 지하철역 맹독성 사린가스 살포사건에 이어 요코하마의 시내 전철역들에 유독가스가 또 다시 살포되어 많은 사람들이 희생당한 사건의 악몽이 채 가시기 전에 미국 오클라호마시의 폭탄 테러 사건이 발생하자 그 경악과 충격이 더 클 수밖에 없을 것이다.

19일 상오 9시(현재시간) 출근 시간에 맞춰 자행된 이번 사건에서 테러범들은 연방 정부 소유의 관공서 건물을 겨냥, 건물에 입주한 연방기관 소속의 공무원들과 나이 어린 자녀들이 떼죽음을 당하게 되었다. 이목이 집중되고 있는 오클라호마시는 아직도 개척시대의 분위기가 물씬 풍기는 남서부 프레리(대평원) 한복판의 전형적인 목가풍 도시이다. 인구 44만 7천명이 살며 항공기, 철강, 정유, 인쇄, 목축업이 활발하게 발달된 중소도시이다.

　주민들은 '오클라호마만큼은 테러 무풍지대'라고 믿어 왔고 실제로 평화로운 도시의 이미지가 미국인 모두에게 심겨져 있었지만 이번에 엄청난 사고를 당했다. 결국 안심하고 평화롭게 살 수 있는 곳은 어디에도 없다는 결론이 나올 수밖에 없다.

　그 범인이 누가 되었던 간에 무차별 폭탄 테러를 자행한 사람들은 부패한 심령을 가진 악의 화신들임엔 분명하다. 하나님의 형상대로 지음 받는 사람을 조금의 양심의 가책도 없이 집단 살해하는 이 모든 작태는 분명히 죄악인 것이다. 사탄의 유혹에 의해 타락한 인간의 본성에 죄악이 생성되었고, 그것이 나아가 가인이 동생 아벨을 죽이는 형제 살인극으로, 부족살인으로, 민족살인으로, 급기야 세계대전으로 발전했다. 2차 대전시 유대인을 독가스로 학살하는 사건이 일어났고, 일본인들이 생체 실험으로 한국인을 비롯한 아시아인들을 무차별하게 학살한 일들이 생겨나게 되었다.

　최근 오교수의 아버지 살인을 비롯해 일어났던 끔찍한 살인 사건들은 모두 생명의 존엄성을 무시한 것들이다. 모두가 부패한 죄악의 심령에서 나온 것이다. 아마 이러한 일들을 앞으로도 충분히 예견할 수 있을 것이다. 왜냐하면 사탄의 문화에 이 세속 인들이 같이 합류하고 있기 때문이다. 결국 주님이 이 세상에 다시 오실 때 살인극은 멈추게 될 것이다.

　이런 사건들을 보면서 우리는 우리의 안전을 스스로 지킬 수 없고, 오직 하나님의 은혜와 보호하심으로 된다는 것과 아직도 우리가 부패하고 패역한 심령들을 위해 기도하고 전도해야 할 사명이 있다는 사실을 통감해야 할 것이다.

〈1995. 4. 23.〉

좋은 아내가 됩시다

결혼학자 터만(Terman)은 792쌍의 부부를 조사해서 행복한 결혼 생활과 불행한 결혼 생활을 하는 아내들에 대해 다음과 같은 결과를 발표했다.

▶ 행복한 결혼생활을 하는 아내
- 친절한 태도를 상대방에게 보여주기 위해 노력한다.
- 무례한 행동으로 남을 화나게 하지 않는다.
- 남편의 일에 협조적이다.
- 섬기는 정신이 있다.
- 교육적이고, 건전한 활동을 하며 불행한 사람 돕기를 좋아한다.
- 과학적이고 근면하다.
- 돈을 절약할 줄 안다.
- 세밀하다.
- 종교, 도덕, 정치 문제에서 보수 성향을 지니고 있다.
- 침착하면서도 자신감이 있다.
- 낙관적인 인생관을 가진다.

▶ 불행한 결혼 생활을 하는 아내
- 정서적인 긴장이 많아 감정의 기복이 심하다.

- 열등감이 심하며, 공격적이다.
- 신경질적이며 명령적이다.
- 타산적이고 반항적이다.
- 사회 생활에 대해 자신감이 없다.
- 사회 진출에 있어서, 중요한 사람이 되는 데 지나치게 관심이 많다.
- 이기적이며 구제 사업에 관심이 없다.
- 로맨틱한 생활을 지나치게 추구한다.
- 여자 친구보다도 남자 친구를 더 좋아하는 경향이 있다.
- 인내심이 적다.
- 조직적이지 않고 규칙적인 생활을 하지 않는다.
- 종교, 도덕, 정치에 대해서 매우 급진적인 생각을 갖기도 한다.

가정마다 좋은 아내가 필요하다. 특히 우리 자신들이 좋은 아내가 되어야 한다. 현숙한 아내는 하나님께 영광을 돌리며, 남편의 기쁨이요, 교회의 자랑이요, 국가의 기반이다.

〈1995. 5. 21.〉

아름다운 유산

며칠 전 모일간지에 감동적인 한 가족의 이야기가 기재되었다. 그 주인공들은 한국 최고의 제약회사를 세워서 훌륭한 사회 사업을 많이 했었던 유한양행의 고 유일한 박사 가족이다. 최근에 뜻 있는 사람들에 의해 '유산 남기지 않기 운동'이 잔잔한 감동을 주면서 확산되어 가고 있는데, 이 아름다운 운동은 유한양행의 창업자인 고 유일한 박사에 의해서 이미 시작되었었다.

그는 1971년 세상을 떠날 때 전 재산을 유한재단에 기증하여 장학사업을 하도록 하였고, 딸에게 유한공고 구내의 대지 5천 평을 주면서 동산으로 꾸며 학생들이 뛰놀게 하라는 유언을 남겼다. 아들에게는 "대학 공부까지 시켰으니 자립해서 살라"는 당부를 하고, 손녀에게는 대학을 졸업할 수 있는 학비만 남겼다. 그의 딸도 1991년 세상을 떠나면서 유한동산 등 2백억 원대의 재산을 재단에 기증을 했다.

이번에는 유일한 박사의 여동생 유순한(83세)씨가 유한양생 주식 2만 1천 3백 주(시가 11억 원 상당)를 유한 재단에 기증했다. 그리고 유씨는 한국의 슈바이처로 불리는 장기려 박사를 돕기로 결심하고 간호사 생활에서 은퇴한 후 팔순의 나이에 환자들을 위하여 일하게 되었다. 그녀는 간도 용정에서 살던 어린 시절에 간호사가 되기로 결심하였고,

부모의 반대를 무릅쓴 채 당시 미국에서 공부하던 오빠(유일한)가 보내준 미화 30불을 들고 두만강을 건너 평양 기독병원 간호학교에 입학하여 간호사의 길에 들어서게 되었다. 그는 한평생 오빠를 존경했고 돈이 생기면 유한양행의 주식을 사서 모았으며, 그 주식의 일부를 사회 단체에 기증하는 등 자선활동을 꾸준히 해 왔다. 그리고 이번에 남은 주식을 유한 재단에 기증을 한 것이다. 그것은 간호학 공부를 후원해 주던 오빠에 대한 감사와 사랑의 표시라고 한다. 이제 유한양행은 창업주와 그 가족의 지분이 전혀 없는 회사가 되었다.

아름다운 믿음의 가족으로 길이 남게 된 유한양행의 가족들은 많은 사람들에게 우리가 어떻게 사는 것이 진정한 보람과 가치가 있는 것인지를 보여 주었다. 유일한 박사의 "기업은 나라와 민족의 것이다. 한평생 검소하게 살고 남은 재산은 사회에 환원하라"는 뜻을 그 가족들은 충실하게 따랐다.

황금만능주의가 팽배한 이 시대에 돈의 노예가 아닌 돈의 주인으로 살았고, 변함 없이 검소한 부자였던 유씨 가족의 이야기는 철저한 성경의 가르침에 따른 청지기의 아름다운 삶으로 우리에게 귀감이 될 것이다.

〈1995. 5. 28.〉

통일 염원을 담은 쌀

 쌀이 국내 뿐만 아니라 국외에서도 이렇게 화제가 되는 일도 드물 것이다. 이 '쌀 뉴스'는 30년 만에 실시하는 지자제 선거에 집중되어 있던 온 국민의 마음을 빼앗아 버릴 정도의 메가톤급 뉴스였다.
 극심한 식량난으로 여러 나라에 도움을 구하고 있는 북한 사정의 절박함에 대해 통일의 염원을 실은 우리의 동포애적 관심이 오랜만에 남·북간의 얼어붙은 대화의 물꼬를 트이게 했다.
 15만 톤 무상 지원하는 쌀을 하루라도 빨리 북한에 보내기 위해서, 일차로 2천 톤의 쌀을 북한과 가장 가까이 있는 동해항에서 밤새 선적했다. 선적을 하는 일군들이나 최초로 쌀을 수송하는 배의 선장, 그리고 도정을 하며 준비하는 정미소 주인 등 모두가 상기된 표정과 자부심, 그리고 기대감을 가진 표정들이었다.
 물론 이 쌀로 인해 급속히 남북 관계가 발전되지는 않을 것이다. 북한의 태도도 갑자기 바뀌지는 않을 것이다. 그 증거로 남쪽에서는 쌀을 보내기 위해서 작업을 하고 남북 합의서도 발표했지만 여전히 북한 언론과 대남 방송은 쌀 협정에 관해서는 한 마디의 발표도 없이 비난 방송을 계속하고 있음을 들 수 있을 것이다. 그러나 대부분의 국민들은 북한에 대한 인내심과 관대한 마음, 그리고 통일에 대한 열망으로 이

쌀이 남·북간의 대화 재개, 정상 회담, 경제 교역 그리고 이산가족 재회 등으로 연결되며 마침내 통일을 이루는 '효자 쌀'이 되기를 기대하고 있다.

통독 이전에 공산치하의 동베를린 주민들이 서베를린 경계구역에 산더미 같은 쓰레기를 쌓아 놓았다. 그러나 서베를린 주민들은 아무 말 없이 그 자리에 먹을 음식물을 잔뜩 쌓아 놓았다. 여기에서 독일의 통일은 싹이 트게 되었다.

우리는 북쪽의 성의 있는 자세를 기대한다. 그러나 관계가 진전되기를 너무 성급하게 기다리지 말고 인내하면서 지혜롭게, 신중히 대처하며 한 걸음씩, 한 걸음씩 전진해야 할 것이다. 그리고 우리는 남북 관계의 발전과 우리의 염원인 통일을 위해서 계속 기도해야 한다. 왜냐하면 역사를 이루어 가시는 분은 하나님이시며, 종말의 시대에 통일을 통하여 우리 민족이 세계 선교의 큰 사명에 쓰임 받기를 원하기 때문이다.

〈1995. 6. 25.〉

백범의 섬김의 정신

　백범 김구 선생은 모든 백성들에게 존경받는 겸손하고 욕심이 없는 민족의 거목이요, 스승이다. 일찍이 독립운동에 참여한 그는 1911년 조선 총독으로 있던 데라우치 암살 기도 사건에 연루되어 서대문 감옥에서 3년 6개월 여 동안 복역했다. 그때 그의 호를 백범으로 바꾸었는데 그것은 우리나라에서 가장 천하다는 백정과 무식한 범부까지 모두가, 적어도 나만한 애국심을 가진 사람이 되었으면 하는 소원 때문이라고 한다.
　백범은 상해 임시 정부에서 조국의 광복을 위해 헌신했으며, 해방된 조국에 돌아와서도 안두희의 총탄에 쓰러질 때까지 오직 민족 통일만을 위해 힘썼다.
　그는 「백범일지」에 이렇게 기술했다. "나는 안창호 내무총장에게 임시정부 문 파수를 보게 하여 달라고 청원했다. 도산은 처음에는 내 뜻을 의아하게 여기는 모양이었으나 내가 이 청원을 한 동기를 듣고는 승낙하였다. 나는 실력이 없는 권력 탐하기를 두려워할 뿐더러 감옥에서 소재를 할 때에 내가 하나님께 원하기를 생전에 한번 우리 정부 정청의 뜰을 쓸고 유리창을 닦게 하여 주옵소서 하였단 말을 도산 동지에게 한 것이었다."

그는 귀한 섬김의 모습을 보여 주었다. 그는 정권에 대한 욕심이 없었다. 끝없이 겸허했고 다함이 없는 헌신이 있었기에 세월이 많이 흐른 지금도 많은 백성들의 존경을 받고 있는 것이다.

반면에 정권을 잡은 이승만 대통령은 학식에 걸맞지 않는 권세에 대한 집착으로 많은 오욕과 실망을 백성들에게 남겨 주었다.

과연 누가 진정한 민족의 지도자인가? 성공적인 지도자는 존경을 받는다. 요사이 돌아가는 정치 형태를 볼 때 백성들은 실망을 금치 못한다. 백성들을 무시하고 정치를 통해 자신의 권력 기반만 다지는 모습에서 역겨움과 배신감 마저 느낀다. 오늘 우리에게는 백범같이 겸손한 섬김의 정신을 가진 지도자가 필요하다. 조국을 위해 최선을 다하고 대가나 지위를 포기하는 존경스러운 지도자가 요구되는 이때다.

모든 정치 지도자를 비롯한 각계의 지도자들은 사욕을 버리고 예수님의 말씀을 마음 속 깊이 새겨야 할 것이다.

"인자의 온 것은 섬김을 받으려 함이 아니요, 도리어 섬기려 하고 자기 목숨을 많은 사람의 대속물로 주려 함이로다."

〈1995. 7. 23.〉

역사를 찾는 사람

평범한 한 기업가가 조선말 사진 5천여 점을 모았다. 한독 글라스 정성길 사장(54세)은 독일, 프랑스, 미국 등지를 다니면서 어렵게 한국의 옛 사진들을 모았다. 그가 조선말 사진을 모으게 된 동기는 한국에 왔던 한 독일 신부가 "너희 나라는 과거의 유산을 왜 그렇게 소중히 여기지 않느냐? 몇몇 한국인들에게 보여줬지만 내 조상도 아니라면서 외면하더라. 너희는 돈이 되는 골동품만 챙기느냐?"라고 말할 때 충격을 받고 본격적으로 한국의 옛 사진을 찾기 위해 뛰어다니게 되었다고 한다. 물어 물어서 선교사, 외교관, 고문관, 의사 등으로 우리나라에 왔었던 외국인들의 후예를 찾아 독일, 프랑스, 미국, 일본 등 어디든지 달려갔다. 그는 언더우드, 아펜젤러 선교사들의 가문을 찾아 다녔고, 인천에서 무역상을 했던 독일의 마야, 프랑스의 여행가 코르페, 고조의 저의였던 미국인 에비슨 가 등을 찾아 다녔다.

고생과 노력 끝에 그는 한국의 역사적인 사진들을 많이 모았다. 최고의 사진은 1871년 신미양요 때 미국의 아시아 함대 수병들이 찍은 것과 1897년 고종 황제 즉위식의 축하 행렬, 1904년 덕수궁 화재 등을 비롯해서 아들을 낳았다고 젖가슴을 내놓고 다니는 아낙네, 사전거리, 기생, 선비, 바둑을 두는 기녀, 포로가 된 동학농민 등 갖가지 인물과 풍물이 살아 숨쉬는 듯한 희귀한 옛 사건들을 많이 소장하게 되었다. 그는 전국적으로 40여 차례 사진전을 열었고 두 권의 사진 집을 발간하기도 했다.

그는 결코 상업적으로 이 일을 하지 않는다. 자금을 들여 책을 만들어도 시중에 팔지 않고 옛것에 성의와 관심을 보이는 사람들에게 선물한다고 한다. 그의 지표는 '역사는 찾는 사람에게나 보인다' 이다.

그렇다고 그가 사업을 못하는 것은 아니다. 유럽에 갈 때마다 교회를 장식하고 있는 스테인드 글라스를 본 뒤 유리에 관심을 가져 다른 사람들이 의심하고 전혀 시도하지 않는 일을 과감히 해내며 성공적인 기업가가 되었다.

지금도 그는 명성황후 사진이 진짜가 아니라 꾸며 놓은 것이라는 말의 진의를 가리기 위해 고종, 순종과 함께 찍은 명성황후의 사진을 꼭 찾겠다는 각오를 다지고 있다.

우리는 옛 사진을 찾는 이 열정적인 사람을 보면서, 사진만큼 정확한 사적 자료가 없다는 확신을 가지고 역사를 찾는 이 열정적인 사람을 보면서 도전을 받는다. 오늘날 과거의 자신과 가정, 그리고 우리나라의 모습들을 기억지도 않고 아예 무시해 버리는 오만함과 위선 속에 사는 사람들에게 깨달음을 주는 메시지를 들을 수 있다.

그리고 우리는 시간이 흘러도 역사는 기록되어 있으며 진실은 반드시 드러난다는 사실을 보면서 "숨기운 것이 드러나지 않는 것이 없겠고", "심은 대로 거둔다"는 주님의 말씀을 기억할 뿐 아니라 역사를 찾고, 올바른 역사를 남기도록 하는 것이 얼마나 중요한 것인가를 명심해야 할 것이다.

〈1995. 8. 6.〉

경계 심리에서 부요 의식으로

　모든 사람은 성공하려는 욕망을 가지고 있다. 그것은 잘못된 것이 아니다. 그러나 자기만 성공하고자 하는 것에 문제가 있다. 나의 성공을 위해 다른 사람을 짓밟아서는 안 된다는 것에는 관심이 없다. 남의 실패를 짓밟는 성공이 진정한 의미에서 성공이 아니라 성공을 가장한 실패에 불과하다는 것을 알지 못한다. 또한 알려고 하지도 않는다.
　뿐만 아니라 성공했다고 희희락락하는 사람들은 주위를 돌아보며 내가 잘 살기 때문에 다른 사람이 울고 있지는 않은지, 내가 웃기 때문에 다른 사람이 울고 있지는 않은지, 혹은 내가 잘 살게 된 배후에 이름 모를 많은 사람들의 희생이 있었던 것은 아닌지 살펴볼 여유조차 갖지 못한다. 이것은 많은 사람들이 '나는 이기고 너는 지기, 혹은 나도 지고 너도 지기' 식의 인생철학에 젖어 있기 때문이다.
　자신의 위치나 권세를 이용하면서 다른 사람은 손해를 보더라도 나는 손해 볼 수 없다는 인생철학, 상대방의 손해를 위하여 자신의 손해도 각오하는 인생철학, 못 먹는 밥에 재 뿌리기식의 사고가 사회를 뒤덮고 있다.
　지난 8월 21일 새벽 용인 여자기술학원 기숙사에 몇몇 원생들의 조직적인 방화로 화재가 발생하여 37명이 사망하고, 16명이 중상당하는 엄청난 사건이 있었다. 많은 생명이 그것도 다름 아닌 동료들에 의해 어처구니없이 희생을 당했다. 가장 청순해야 할 청소년들이 이 사건의 범인이라는 것이 더한 충격이었다. 사고 원인이 생활의 구속과 구타 등의 이유 때문에 집단 탈출을 하기 위해서라고 하지만, 더 근본적인 원인은 태어날 때부터 "나는 이기고 너는 지기, 혹은 너도 지고 나도 지기"식의 인생을 살도록 강요받은 데 있다고 하겠다.

여러분은 솔로몬의 아기 재판 이야기를 알고 있을 것이다. 두 여인이 각각 아기를 데리고 한 방에서 잠을 잤는데, 한 아기가 깔려 죽었다. 남은 아기를 가지고 서로 자기의 아기라는 싸움이 붙었고 급기야 솔로몬 왕에게 찾아가게 되었다. 서로 자기 아기라고 완강히 주장하자 솔로몬 왕은 칼을 가져다가 아기를 반으로 잘라 반 토막씩 어머니에게 주도록 명령했다. 이때 아기의 진짜 어머니는 아기를 칼로 죽이느니 차라리 상대방 여인에게 주라고 사정했고 가짜 어머니는 그것 참 좋은 생각이라고 받아들였다. 여기서 이 인정머리 없는 여인이 바로 "나도 지고 너도 지기"식의 인생 철학을 가진 대표적인 모델이다.

오늘 이 시대는 진짜 어머니의 심정이 필요한 때이다. 무엇보다도 타인의 성공을 기뻐하는 자세를 유지하면서 경계 심리(Scarcity mentality)가 아닌 부요의식(abundance mentality)을 가지고 자신도 살면서 타인도 살게 하는 상호 협력 관계가 회복되어야만 한다.

이것은 "온 율법은 네 이웃 사랑하기를 네 몸 같이 하라 하신 말씀에 이루었나니, 만일 서로 물고 먹으면 피차 멸망할까 조심하라."(갈라디아서 5:14~15)는 말씀 앞에 겸손하게 엎드리는 사람들에 의해 가능할 것이다. 우리는 나 자신만 잘 되기를 바라는 마음을 버리고 함께 어우러져 살며 하나님의 나라를 건설하는 일에 함께 노력해야 할 것이다.

〈1995. 8. 27.〉

보는 눈의 차이

민족 대이동이 전개된 추석의 상징은 보름달이다. 음력 8월은 춥지도 덥지도 않고 호시절, 오곡백과가 무르익어 신곡, 신과가 풍성한 계절이므로 팔월 보름을 1년 열두 달의 보름 가운데 으뜸이라고 말한다. 그 뿐만 아니라 8월의 달은 사시사철 중 가장 맑고 뚜렷하게, 크게 보인다.

달을 보는 세계인들의 시각에는 차이가 있다. 유럽 사람들은 달 속에서 사나이의 옆 얼굴을 보고, 아랍 사람들은 낙타를 보며, 중국 사람들은 두꺼비를 본다. 불교 문화권에는 토끼를 보고, 우리나라 사람들은 달 속에서 천년만년 들어가 살 초가삼간을 본다. 한국 사람들에게는 달이 아름다운 여성을 상징하는 반면 게르만계나 튜턴계에서는 달이 남성을 상징한다. 이상하게도 똑같은 추석 달을 보면서도 보는 눈이 서로 다르다. 그것은 보는 이의 마음의 상태, 사고의 자세, 감정의 차이에서 오는 것이 아니겠는가 생각해 본다.

미국 노래 중에 이런 노래가 있다. '지미와 죠는 감옥에 갇히었네 / 어느 날 둘은 바깥 세상을 보았다네 / 지미는 트럭이 달리는 진창길을 보고 / 죠는 밤하늘을 수놓은 별을 보았다네.'

두 사람이 똑같이 철창 신세가 되었는데 보는 눈에는 상당히 차이가 있다. 똑같은 상황인데 한 사람은 더러운 길을 보았고, 다른 한 사람은 아름다운 별을 보았다.

'우리가 무엇을 보는가?' 이것은 대단히 중요한 것이다. 인격과 신앙, 그리고 성공의 갈림길이 될 수 있다. 성경에도 이런 이야기가 있다. 가데스 바네아에 도착한 이스라엘 백성들이 열 두 정탐꾼의 보고를 들었는데, 40일간 적진(약속의 땅 가나안)을 돌아보고 온 그들의 보고는 완전히 다른 것이었다.

10명은 "그 곳에 가면 안 된다. 우리가 다 죽는다. 정복은 불가능하다"고 말했고, 여호수아와 갈렙 두 사람은 "할 수 있다. 여호와께서 우리와 함께 하시면 그들은 우리의 밥이다. 우리는 정복할 수 있다"고 보고했다. 결국 믿음의 두 사람, 즉 하나님의 약속을 믿은 두 사람은 성공하여 가나안 땅을 정복했고, 나머지 부정적인 시각으로 본 사람, 즉 하나님의 약속을 의심한 사람은 실패하여 광야에서 다 죽고 말았다.

우리는 무엇을 보는가? 우리의 인생과 신앙의 성공이 보는 눈에 달려 있음을 기억해야 한다.

〈1995. 9. 10.〉

특별 새벽기도에 성공하기 위한 방법들

내일부터 한 주간 특별 새벽기도회가 시작된다. 많은 성도들이 기도 제목을 가지고 참여할 것을 기대하며 금번에 큰 은혜를 받고 우리의 믿음이 성숙되는 계기가 될 것을 확신한다. 아직 새벽기도가 익숙하지 못한 성도들과 이 일을 성공적으로 해 내기 원하는 성도들을 위해 도움이 되는 지침들을 제시하고자 한다.

▶ 부정적인 요소를 제거하라(왜냐하면 부정적인 생각이나 비협조적인 태도, 불만과 불평은 마귀를 유익하게 하는 것이기 때문이다).

1. 새벽기도는 어려울 것이다.
2. 왜 공연히 사람을 볶아대느냐?
3. 나는 새벽 기도할 자신이 없다.
4. 새벽기도 한다고 달라질 것이 무엇이 있는가?
5. 나는 잠이 많아서 새벽에는 죽어도 못 일어난다.
6. 나는 교회가 멀어서 못 나온다.
7. 의례적으로 하는 것이니까 신경 쓸 필요가 없다.
8. 나는 건강이 좋지 않으니 새벽에 나오라는 것은 교회 다니지 말라는 뜻이다.
9. 위험이 곳곳에 도사리고 있는데, 새벽 기도 가다가 어떤 위험이

닥칠지 어떻게 아느냐?

　10. 방관적인 태도, 특히 직분자들의 방관적인 태도.

　이상의 내용들은 마귀가 아끼고 사랑하는 것이다. 왜냐하면 기도를 통한 하나님의 역사를 가장 두려워하는 존재가 마귀이기 때문이다. 그러므로 우리는 보다 적극적인 자세를 가져야 한다.

　▶ 적극적인 자세를 가지라.

　1. 전투적인 자세를 가져야 한다.
　2. 온 교인이 새벽에 기도하는 모습을 상상해 보도록 한다.
　3. 기도 응답의 체험을 상상해 보도록 한다.
　4. 아침에 교인들과 즐겁게 인사 나누는 장면을 상상해 본다.
　5. 기도에 관한 성구를 매일 암송하도록 한다.
　6. 기도는 하나님의 약속을 성취시키는 방법임을 되새긴다.

　▶ 교인들의 관심

　1. 교인들끼리 만날 때마다 새벽기도에 대한 것을 대화의 화제로 삼는다.
　2. 교인들끼리 서로 기도의 제목을 주고받는다.
　3. 교인들끼리 서로 전화를 이용해서 새벽기도 참여를 권한다.
　4. 교인들끼리 만날 때 기도 응답의 확신을 심어준다.
　5. 교인들끼리 서로 용기를 갖고 끝까지 기도하도록 격려한다.
　6. 교인들끼리 서로 은혜 받은 것들을 나누며 자신감을 갖게 한다.

　부정적인 생각, 비협조적인 태도, 불만과 불평은 마귀를 유익하게 하는 것이다. 마귀의 장난에 현혹되는 어리석은 성도는 없어야 한다. 그렇다면 우리는 특별 새벽기도를 위해 무엇을 준비해야 하는가?

　▶ 교인들의 준비

　1. 새벽 기도에 참여할 수 있도록 모든 시간을 조정하라.
　2. 밤 늦게까지 작업이나 공부를 하지 말라.

3. TV, 비디오, 오락기, 컴퓨터 등에 관심을 줄여야 한다.
4. 체력을 소모하는 운동은 삼가한다.
5. 직장인은 일찍 귀가하도록 한다.
6. 저녁에 하는 소일은 아침으로 바꾼다.
7. 장거리에 있는 직장인은 출근 준비를 갖추고 나온다.
8. 매일 저녁 취침하기 전에 온 가족이 기도회를 갖는다.
9. 알람이나 벨 시계를 의존하지 말아야 한다.

특별 기도를 하는 이 한 주간이 우리에게 영적인 가장 소중한 순간들로 주님께 기억되고 바쳐지길 기원한다.

〈1995. 10. 8.〉

사람에겐 나름대로의 역할이 있다

대통령이 되기 위해 모든 수단과 방법을 동원한 뒤 그 대가(?)로 장기집권, 부정축제, 인권탄압, 비자금 조성 등의 행동을 일삼아, 차라리 대통령이 되지 않았으면 개인과 가정과 국가를 위해 더 유익했을 지도자들이 우리나라 역사에 여러 명 있었다.

그런데 미국에서는 강력한 대통령 후보로써 인기가 치솟아 올라가던 클린 파월 전미 합참의장이 차기 대통령 선거에 출마하지 않기로 발표해 화제가 되고 있다.

파월 장군은 "대선 출마 여부를 심사숙고한 끝에, 가족의 행복이 무엇보다 중요하다는 결론을 내렸다"고 불출마의 변을 토하고 있다. 그는 "대선 출마는 물론 내년에 선출되는 다른 어떤 자리도 추구하지 않겠다"고 말했다. 그의 불출마 이유는 표면상으로 가족의 행복을 위한 것이다. 이에 대해 CNN 방송은 파월 장군이 대선에 출마하지 않기로 한 것은, 이츠하크 라빈 이스라엘 총리의 피살에 자극 받은 부인의 만류가 가장 큰 원인이 되었다고 보도했다.

대통령이란 자리보다 자기 가족을 더 우선 순위에 두겠다는 그의 주장이 순박하고 신선(?)해 보이는 것은 우리나라의 정치가들의 입에서, 그것도 대권의 가능성을 가진 사람들의 입에서 도저히 기대할 수 없는 소리이기 때문일까? 여러 통계와 여론조사에서 훌륭한 지도자로 대중적 인기를 얻고 있는 그가 공화당의 옷을 입고 선거전에 뛰어들면 클린턴 현 대통령과 백중세를 이룰 것이라는 대체적인 전망 속에서 불출마를 선언했다는 것은 우리들의 현 정치 풍토와 의식상태를 염두에 두고 볼 때 획기적인 것이 아닐 수 없다. 기자 회견에서의 그의 말은 시사하는 바가 크다. "모든 사람에게도 나름대로의 역할이 있고, 대통령이 아니라 다른 방법으로 얼마든지 국가를 위해 봉사할 수 있다."

그렇다. 대통령이 되지 못해서 안달(?) 하는 사람들, 무력을 동원해서라도, 욕을 들어먹어도, 지탄을 받아도, 어떤 방법으로라도 대통령이 되고야 말겠다는 사람들이 꼭 한번 되새겨 볼 말이 아닌가? 대통령이 아니더라도 사회와 국가를 위해 얼마든지 봉사할 일이 있다고 당당하게 선포하는 그러한 지도자들을 우리 사회에서는 기대할 수 없을까?

주님은 말씀하셨다. "인자의 온 것은 섬김을 받으려 함이 아니요, 도리어 섬기려 하고 자기 목숨을 많은 사람들의 대속물로 주려 함이라." (마가복음 10:45) 귀 있는 자는 새겨들어야 할 것이다.

⟨1995. 11. 12.⟩

돈이 보낸 편지

　피조물 가운데 가장 존귀한 것은 인간이다. 그것은 인간이 만물을 다스리고 관리하는 특권과 책임을 안고 있기 때문이다. 그러나 현실은 그렇지 못하다.

　사탄이 부하들에게 인간을 파멸시키라는 명령을 내리고, 어떻게 처리했는지 보고를 받았다.
　부하 1 : 인간 세상에 사나운 짐승들을 풀었습니다. 그러자 사람들은 무기를 만들고 더욱 단결해 짐승을 물리쳤습니다.
　부하 2 : 저는 어렵게 사는 사람들에게 더 큰 고통을 주었습니다. 그러나 그들은 굴하지 않고 열심히 살아 고생에서 벗어났어요.
　부하 3 : 저는 재물로 유혹해 마음과 눈을 흐리게 했습니다. 그랬더니 자연스럽게 망하더군요.
　모든 말을 들은 사탄은 세 번째 부하를 칭찬했다.

　인간은 물욕이라는 무기 앞에서 속수무책인 나약한 존재일까? 서글프다. 우리는 금도 내 것이며, 은도 내 것이라는 하나님의 말씀을 되새기며 우리의 존귀함을 회복해 나아 가야할 것이다. 여기 의미 있는 한

글을 소개하고자 한다. 부디 물욕에서 자유하기를…

　당신은 언제나 나를 움켜쥐고는
　나를 당신의 것이라고 말합니다.
　그러나 따지고 보면, 당신이 나의 것이지요.
　나는 아주 쉽게 당신을 지배할 수 있어요.
　우선 당신은 나를 얻기 위해서라면
　죽는 것 말고는 무엇이든지 하려고 합니다.

　나는 사람들에게 있어 무한히 값지며 보배로운 존재입니다.
　물이 없으면 한 포기의 풀도 살 수 없듯이,
　내가 없으면 사람은 물론 이 세상의 모든 것들이
　죽고 말 것입니다.
　회사도, 정부도, 학교도, 은행도…
　그렇다고 내게 어떤 신비의 생명력이 있는 것은 아닙니다.
　나는 내 힘으로는 아무 데도 갈 수가 없지만,
　이상한 사람들과 수없이 만납니다.
　그들은 나 때문에 서로 인격을 무시하기도 하고
　사랑하기도 하고, 싸우기도 합니다.
　순전히 나 때문에 말이죠.

　사람들에게 욕망이 없다면 난 어쩌면 아무 쓸모가 없는 존재일지도
모릅니다.
　그렇지만 나는 거룩한 일을 하는 사람들이나,
　가난하고 굶주린 이들을 돕는 선한 사람들,
　환자들의 고통을 줄이려는 이들과도 만납니다.

나의 힘은 사실 무한하답니다.
부디 나의 노예가 되지 않도록,
조심스럽고 현명하게 나를 다루십시오. 　－ 이 의 용 －
〈1995. 11. 26.〉

10원을 나누는 아름다운 삶

 수천억 원의 이야기가 너무 귀에 익숙해 있어서 그런지 10원짜리 동전을 우습게 여기는 듯하다. 그러나 '10원 모으기 운동'으로 여러 사람을 돕는 모임이 있어 우리를 감동케 하고 있다.
 초원 봉사회(회장 유승룡. 65세)는 교사들이 하루 10원, 한 달에 3백원씩 모아 형편이 어려운 학생들에게 장학금을 주는 모임으로 시작되었다. 이제 1계좌가 1천 원이 되었고, 1만 5천명의 회원들을 1천 원 후원자로 두어 연 1억 원이 넘는 돈을 모금하고 있다. 회원은 대부분 초·중·고등학교 교사로 구성되어 있는데, 얼마 전 대학교수 10명이 뜻을 같이 하겠다고 전해왔다고 한다.
 그들은 이 돈으로 형편이 어려운 중고생 160명에게 장학금을 주고, 무연고 재소자, 무의탁 노인들에게 희망과 사랑을 전한다.
 이 모임의 특징은 수십 억대의 장학금을 가진 재단과는 달리 '몇십 원씩이라도 하루의 중단도 없이 모으는 정성' 즉 다른 사람에 대한 정성과 관심과 사랑에 있다. 봉사는 여유 있는 사람들이 어려운 사람을 도와주는 사치스러운 일이 아니라 '생활을 나누는 것'임을 몸소 실천하는 것이다. 초원 봉사회 회장 유씨는 신경통 때문에 목욕하러 갈 때마다 받던 마사지를 한번 그르면서 아낀 돈을 목욕비라는 명목으로, 주례 사례비는 주례비로 주저 없이 통장에 입금시켰다. 그는 "돈이 좀 모이면 남을 돕겠다는 것은 말짱 거짓말입니다. 돈이 많아지면 그만큼 욕망도 커지기 때문이지요 왜, 주머니에 들어간 돈은 부자간에도 나오기 어렵다고 하지 않습니까?"라고 말한다. 그는 이어서 "돈은 복이 아닙니다. 어떻게 벌어서 쓰느냐를 아는 사람의 마음에 복이 있지요"라고 말하면서 "생활의 기준을 정해두지 않으면 끝없는 욕망에 지배당한다"고 한다.

어려운 어린 시절을 보낸 그는 학비를 못 내어 중학교에서 중퇴할 형편이 되었는데 그의 고모부가 학비를 지원해 줘서 군산 사범학교를 졸업하고 교사가 되었다. 그의 고모부가 "내가 너에게 뭘 받으려고 도와준 게 아니니 나한테 갚으려 하지 마라. 다른 필요한 사람에게 되돌려 주라"고 한 말이 계기가 되어 '10원 모으기 운동'을 시작하게 되었다고 한다. 그리고 그는 "남을 위해 일한다고 큰소리치면서 그 속에 나를 내세우려는 마음이나 체면이 깔려 있지 않은가 스스로 질책하고 자성하는 것이 필요하다"고 말한다.

우리 주위에는 아직도 많은 사람들이 어려움에 부딪혀 있으며 도움의 손길을 기다리고 있다. 큰 것이 아니라, 많은 것이 아니라 작고 적은 것을 모아 사랑을 베푸는 것이 우리 주님이 가르치신 구제의 정신임을 다시 한번 되새겨 보자.

〈1995. 12. 10.〉

제 3부
나는 하나님의 몽당연필입니다

33. 미테랑 대통령의 죽음을 보면서
34. 성덕 군을 살리기 위한 뜨거운 동포애
35. 독도는 엄연한 우리 땅
36. 살인까지 부른 함 값 소동
37. 부활의 신앙을 실천하는 사람
38. 국회의원 선교사가 많았으면
39. 걸어다니는 광고, 다이애나의 사치
40. 명예가 부른 해군 참모총장의 죽음
41. 삼풍 희생자의 '사랑의 장학금'
42. 당신은 친절을 베푸는 아저씨인가
43. 플림솔의 선(線)
44. 행복하게 사는 법
45. 겨울 준비
46. 참된 성공
47. 조화의 삶
48. 나는 하나님의 몽당연필입니다
49. 크리스마스 선물

미테랑 대통령의 죽음을 보면서

고 장기려 박사는 살아있을 때 유언처럼 "내가 죽으면 비문에 '주님을 섬기다 간 사람' 이라고 써 달라"고 했는데, 고 미테랑 전 프랑스 대통령은 자신의 묘비에 '할 수 있었던 일은 다했다' 는 전 서독 총리 빌리 브란트의 좌우명을 새겨 주기를 원했다고 한다.

지난 8월, 세상을 떠난 프랑수아 미테랑 전 프랑스 대통령에게 전 세계에서 애도를 보냈다. 그리고 그의 장례식에도 세계의 지도자들이 참석하여 그에 대한 마지막 경의를 표했다.

그는 프랑스 역사상 최초의 좌파 대통령으로서 사회주의와 시장 경제를 접목시키면서 성공과 좌절을 겪었고, 유럽통합을 주도한 강력한 지도자였다. 또한 바스티유 오페라 극장을 세우고, 루브르 박물관을 증·개축하는 등 문화 건축에도 앞장서서 큰 기여를 했다. 그는 탁월한 문장과 언어를 구사하는 독서가이자 웅변가였으며, 12권의 저서를 남긴 학자이기도 했다. 그 뿐 아니라 프랑스 시민들에게 '삶의 질의 향상' (카르테 드비)을 약속했고 그 약속을 지키려고 노력하는 동시에 도덕적 삶도 제시했다.

그가 3년 전 전립선암을 발견하여 여러 차례 수술을 받으면서도 대통령직을 꿋꿋하게 수행하며 아름다운 삶을 살았고, 스스로에게 불평

할 아무런 이유가 없었다고 말했다. 그러나 그의 업적에 대해서는 비판과 찬사가 함께 나오고 있다.

　죽은 사람에 대해서 여간해서는 잘못을 드러내지 않고 좋은 점을 추모하는 것이 이 세상에서는 미덕으로 통한다. 그렇지만 우리의 관심은 이 세상이 아니라 저 세상에 있으며, 우리에게 더 중요한 것은 사람들에 의한 평가가 아니라 하나님에 의한 평가와 심판임을 기억해야 하겠다.

　미테랑은 퇴임직전 발간된 그의 자서전「두 목소리에 담긴 회고록」에서 "나는 부활을 믿지 않으며 남들과 똑같이 죽음 앞에 연약한 환자일 뿐"이라고 고백했다. 또한 그가 반년 밖에 살지 못한다고 선고받자 프랑스의 대철학자인 장 기동을 찾아가서 "죽음이 무엇이며 저승이 있는가 없는가, 있으면 무엇인가?"하고 물었다고 한다. 그때 노철학자의 답변은 "장군의 죽음이 있고 병졸의 죽음이 있다. 병졸은 많은 동료가 지켜보는 가운데 죽어가지만, 장군의 죽음은 고독한 것이다"였다고 한다. 과연 그는 장군의 죽음을 한 것인지… 미테랑의 죽음을 보면서 과연 그가 하나님을 믿었고, 부활에 대한 확신을 가졌는지 의심이 가는 대목이 많다.

　진정한 승자는 죽음을 맞이하면서 천국의 소망과 부활의 확신을 가진 사람이다. '자기가 하고 싶은 것을 다하고, 할 수 있는 것을 다한 사람'이 아니라 '주님을 위해서 자기가 하고 싶은 것과 할 수 있는 것을 포기하며 오직 주님만 섬기고 간' 사람이다.

〈1996. 1. 14.〉

성덕 군을 살리기 위한 뜨거운 동포애

온갖 부정적인 사회 현상들 속에서 진한 감동을 주는 한 이야기가 있다. 그것은 백혈병에 걸려 사경을 헤매는 한국 입양아 출신 미 공군사관학교 생도 성덕(21세)군을 위한 국민적 성원이 그를 살리게 되었다는 보도이다.

미 중부 미네소타주 파인 시티에 거주하고 있는 성덕군의 양아버지 스티브 바우만(50세)씨와 양어머니 일레인 바우만(50세)씨는 그들의 전 재산을 다 바쳐서라도 아들을 살리겠다는 의지로 노력하던 중이었다. 동일 유전자형의 골수를 구하기 위한 운동이 한국에서 뜨겁게 진행되고 있음에 감사하며 "이젠 자신감을 얻었다"고 말한 지 하루만에 한 육군 상병의 헌혈 결과가 성덕군과 똑 같다는 감격적인 소식을 접하게 되었다.

지난해 10월 백혈병이 걸렸다는 소식에 본인과 양부모는 한동안 커다란 충격과 죽음의 공포에 시달렸다. 브라우만 성덕 군은 휴학계를 제출하고 집으로 오라는 부모의 바램을 거부하고 자신의 졸업문제와 치료문제 등에 관하여 학교측과 상의한 후 학교에 남겠다고 결정했다. 고열과 심한 탈수현상으로 쉽게 피로를 느껴 하루에 평균 14시간 이상의 수면을 취해야 하는 상황 속에서, 최근 심한 열로 식사를 제대로 못해

체중이 9Kg이나 빠졌지만 5월말 졸업을 위해 마지막 한 학기만을 남기고 있어 가능한 모든 수업에 참석하려는 초인적인 자세를 취하고 있었다. 이 소식이 알려지자 미국 전역에서 각계 각층의 격려와 전문, 편지, 도움의 손길이 물밀 듯이 전해오고 있으며, 그의 고향에서는 '브라이언 살리기 모금 운동'이 활발하게 진행되고 있었다. 이런 와중에 한국일보사와 KBS에서 이 소식을 접하고 '성덕 군 살리기 캠페인'이 벌어졌다. 먼저 같은 군인인 육사, 공사, 해사 등 사관 생도들과 전 군이 참여 의사를 밝힌 뒤 직접 참여했으며 공무원, 기업, 종교단체에서 골수 기증을 위한 채혈에 팔뚝을 걷어 붙였다.

그러던 중 육군 상병 서한국(23세)씨의 유전자 정밀 검사를 서울대병원에 의뢰한 결과 유전자형이 완전히 일치하며 이식에 아무런 문제가 없는 것으로 최종 결론내려졌다. 이제 남은 것은 골수 이식 전문가들과 성덕군 양부모의 협의를 거쳐 세부일정을 짜는 것이다. 2~3주 내에 수술을 받을 수 있을 것으로 보인다.

오랜만에 우리는 감동적인 이야기를 접하게 되었다. 정치 판은 온통 총선이니 대권이니 하여 정신 없이 야단들이고, 서태지와 아이들이 돌연 은퇴 선언하자 10대 소녀 팬들이 난동을 부리는 등 우리를 염려스럽게만 하는 세태 속에서 성덕군을 살리는 일은 생명을 살리는 운동이기에 더욱더 아름답고 가치 있는 사건으로 돋보이는 것이다. 모두가 자신의 명예와 인기, 그리고 쾌락과 만족을 위해서 야단하며 자신의 이권을 위해서 뛰어 다니는 이런 사회 분위기 속에서 자신을 희생시키며 사랑의 헌혈과 기증을 통하여 한 생명을 살리자는 이 운동의 정신은 많은 사람들에게 한번쯤 자신들의 태도를 볼 수 있는 기회가 되기를 바란다.

우리는 "내가 배고플 때, 목마를 때, 나그네 되었을 때, 갇혔을 때, 병들었을 때 돌아보았느냐?"는 주님의 말씀을 다시 되새겨 보아야 할 것이다.⟨1996. 2. 4.⟩

독도는 엄연한 우리 땅

 심심하면 "독도는 일본 땅"이라고 억지 소리를 해 오던 일본. 최근에 또다시 외상을 비롯한 정부 관료들과 보수 극우주의자들이 "독도는 일본 땅"이라고 연일 떠들어대는 바람에 한국민의 분노를 일으키고 있다. 끊임없이 항의하며, 늘 싸우고 헐뜯는 여야 정당들도 '독도는 우리 땅'이라는 일본의 주장에 대해서는 모처럼 한 목소리를 내고 있다. 사실 일본 자체 내에서도 '독도는 일본 땅'이 아니라고 말하는 증거 서류가 발견되었고, 일본 시민들 가운데서도 상당수가 여기에 동조하고 있다.
 일본이 독도가 2백 마일 영해권이므로 '독도는 우리 땅'이라고 주장하자 중국도 일본이 점령하고 있는 센카쿠 섬이 중국의 영토라고 주장하고 나서는 바람에 일본은 난처한 입장에 놓여 버리고 말았다. 또한 대마도가 우리 땅이라고 주장하는 한국인들, 그리고 매일 계속되는 '독도는 우리 땅'이라는 한국인들의 시위와 독도에 관한 연구가 활발히 이루어지고 있다. 독도 방문 신청이 줄을 잇고, 독도를 관광지로 개발하고자 하는 등 예전과 같지 않은 반일 감정이 달아오르자 그들은 속으로 곤혹스러워 하면서 어떻게 이 상황을 교묘하게 피해 나갈까 고심하고 있는 것 같다. 그러다가 다음에 또 기회가 오면 '독도는 일본 땅'

이라고 어김없이 주장하는 주기적인 망언을 서슴치 않을 것이다.

독도는 역사적으로 엄연한 한국 땅임을 세계가 인정하고 있다. 이런 와중에 1950년대에 독도에서 의용대를 조직하여, 3년여 동안 독도를 철통같이 지킨 의용 대장 고 홍순칠씨의 육필수기가 공개되어 많은 감동을 주고 있다. 홍씨는 울릉도 주민 32명을 모아 수비대를 조직하고 당시에는 큰돈이었던 3백만 원을 들여 무기를 구입한 뒤 독도에 인계할 때까지 여러 차례 침범해온 일본 순시함을 무력으로 쫓아내었다. 1953년 6월에는 일본 오지 수산고 실습선 한 척이 얼씬거리는 것을 보고 붙잡아 실습생 전원을 독도 정상에 무릎을 꿇게 하고 홍씨를 따라서 애국가를 부르게 한 통쾌한 사건도 있었다.

그는 박정희 대통령에게 독도를 지키기 위해 최소 20세대를 정착시켜야 한다고 주장했으며, '푸른 독도 가꾸기 운동'을 주도했다. 독도 정상에 태극기를 새긴 석판도 만들었고 최근 추진 중에 있는 접안 시설도 그가 계속해서 청와대에 요청한 내용이었다. 그는 중앙 정보부의 의심을 받아 모진 고초를 당하기도 했다고 한다. 1985년 11월 병으로 쓰러져 그 다음해 2월 숨을 거두기까지 그의 공로가 인정받은 것은 1966년에 받은 5등 근무 공로 훈장 한 개 뿐 이었다는 것은 우리의 마음을 씁쓸하게 한다.

77회 3·1절이 어느 해보다 더 국민적인 관심을 끌게 된 것은 바로 독도 문제 때문이었다. 이러한 때 부산에서 해양대학의 '한나라'호를 타고 문인 97명과 사물 놀이팀 5명, 행사 진행요원과 취재 기자를 포함해 모두 168명의 문학인이 독도를 방문한 것도 상당한 의미를 부여할 수 있는 사건이 될 것이다.

우리 민족혼을 일깨우고 전 세계에 우리 민족의 자주 독립의지를 표명하였으며, 평화적인 시위 운동으로 높은 평가를 받고 있는 3·1 운동의 지도자들 중 과반수가 기독교 신자들이었다는 사실과 전국적인

이 만세운동의 조직이 교회 구역과 기관을 동원함으로 큰 도움을 되었다는 것은 나라 사랑에 대한 우리 기독교의 적극적인 표현임을 바로 알아야겠다. 그리고 이것이 이 시대를 살아가는 우리들의 교훈이 되어야 할 것이다.

〈1996. 3. 3.〉

살인까지 부른 함 값 소동

　함 값 때문에 다투다가 신부가 투신 자살하는 어처구니없는 사건이 일어났다. 모두들 정신차려야 될 부끄러운 일이 아닐 수 없다.
　결혼시 신부에게 보내는 선물을 함에 담아 보내는 절차를 예단 또는 봉채(봉징 또는 큰짐)라고 한다. 원래 예단은 신부의 옷감으로 무명 한, 두필 이었는데 16세기 경에는 청홍 두 필의 비단으로 뛰었으며, 거기에 아들 낳기를 비는 비단 주머니와 팥 일곱 알을 넣는 것이 전부였다고 한다. 그러다가 조선 후기에는 함을 성장한 종에게 지어 보냈고, 신부 댁에서는 대청에서 촛불을 켜고 받았다고 한다. 이때 행하던 '봉치 친다'는 짓궂은 행위가 있는데 그것은 마을 사람들 중에서 촛대를 훔쳐서 달아나다가 술 한 상을 받고 그 촛대를 반환하는 것이었다. 그러나 조선조 중엽에 들어서 고관 대작이나 부자들이 함 사치를 앞 다투어 하게 되자 신부측에서 신랑측에 금품을 과다하게 요구하게 되었고, 이 바람에 서민은 물론 중산층 자제들도 장가를 가지 못해 이것이 조정의 중대사로 자주 의논되었다고 한다. 함 내용이 빈약하다고 신부측에서 함을 받아들이지 않은 적도 있었다고 한다.
　요사이 함 값을 많이 내놓지 않는다고 함을 지고 있는 신랑 친구들이 소리를 지르고 야단을 부리는 바람에 아파트에 사는 이웃 사람들의 항의가 종종 일어나는 모습도 불가견이거니와 무조건 돈을 많이 지불

해 대는 신부측도 마찬가지로 꼴불견이다. 함 값이 5십 만원에서 4백만원까지 하는 비상식적인 일들이 일어나고 있지만 이런 비정상적인 작태에 대해 고쳐보려는 의지가 전혀 보이지 않으니 이것이 더욱 더 심각하고 안타깝기만 하다. 이에 대해 신랑측 부모와 신부측 부모들의 책임이 우선이고, 또한 당사자인 신랑과 신부의 우유 부단함이 또한 잘못이다. 그리고 함을 전달하는 신랑 친구들의 오만하고 무지하며 부끄러움을 모르는 작태는 한심하기만 하다. 왜 이 좋은 일에 기쁨과 축하의 사절로써 정성어린 선물을 신부에게 전해주는 것만으로 특권을 누리지 못하는가? 무엇이 잘못되어도 한참 잘못되었다.

그리고 '신랑친구들이 함을 짊어지고 가는 것만이 미풍 양속인가?' 하는 의문이 떠오른다. 문제를 일으키는 미풍양속이라면 그것은 없애거나 다른 방법을 고안해 내는 것이 훨씬 낫다. 집안의 형제나 어른들이 자기 집안에 들어 오는 귀한 신부에게 따뜻하고 정성이 담긴 선물을 정중히 전달해 주는 것이 훨씬 더 나을 것이다.

예물은 어디까지나 선물이다. 선물은 고·저가를 막론하고 정성과 사랑이 깃든 것이면 충분하다. 그리고 선물을 전하는 사람은 예를 갖추어 전달만 하면 되는 것이다. 여기에서 벗어나면 그것은 탈법이요, 잘못이다.

하나님의 백성인 우리 성도들은 이 세상의 잘못된 혼인 행태에 대하여 어떻게 생각하고 있는가? 분명한 철학과 신념이 세워져 있는가? 분명히 공감하는 것은 요즈음 우리나라의 결혼 방식이 잘못되어 있다는 것이다. 다른 사람이 하기 때문에 비록 좋지 않아도 따라가는 것은 떳떳하지 못하다. 우리는 천국의 백성들이다. 모든 경우에서 천국의 백성답게, 그리고 빛과 소금의 사명을 다하기 위해 애쓰고 노력하는 자세를 당연히 가져야 할 것이다.

〈1996. 3. 10.〉

부활의 신앙을 실천하는 사람

경기도 가평군 하면 하판리의 산골짜기에 얻어먹을 힘조차 없는 장애인과 행려 병자, 무의탁자 1천 명이 살고 있는 꽃동네가 있다. 이곳에 세워진 종합병원의 원장인 안치열 박사는 50여 년 간 방사선 의학한 길을 걸어온 만 74세의 전 경희대 총장이다. 안 박사는 1주일의 절반을 꽃동네에서 힘없고 외로운 자들과 함께 먹고 자면서 생활한다. 보수 한 푼 받지 않고 자원 봉사로 일하면서 매달 얼마씩 회비를 내는 꽃동네 후원 회원이기도 하다.

꽃동네와 인연을 맺게 된 것은 1986년, 정년을 2년 앞두고 친구 집을 찾아가다가 우연히 길가에 세워진 '꽃동네' 표지판을 보고 무심코 찾아간 것이 계기가 되었다. "뒤를 닦을 신문지조차 없어 화장실을 사용하기가 힘들다"는 말을 듣고 그는 자신의 무상함을 뉘우쳤으며, 2년간 아무 이유 없이 꽃동네를 찾았다.

그러다가 1988년 경희대를 정년 퇴직하면서 본격적인 활동을 시작하게 되었다. 꽃동네에 사는 사람들의 대부분이 환자였고, 의료시설은 전무했다. 그는 폐업하는 병원에서 내다버린 의료장비를 모으고 폐기 처분한 커튼과 환자복, 메리야스 공장에서 내다버린 면 조각을 얻어 환자용 기저귀를 만들면서 병원의 모양새를 갖추어 갔다. 전국 YWCA

연맹 총무를 지낸 아내도 그를 도왔다.

넉넉한 재목상 집에서 태어나 평양 의학전문학교를 졸업하고 월남하여 경희대 총장이 되기까지 여러 요직을 섭렵하며 평탄하게 살았던 안 박사는 꽃동네를 찾고 난 후에 '누군가가 이 일을 시작해야겠다'는 절실한 마음을 가지게 되었고 그곳에서 열정을 가지고 봉사하게 되었는데, 허리디스크, 심장혈관 이식 대수술을 받는 등 고비를 넘기고 지난 해 봄 급성폐렴을 당하는 어려움 속에서도 변함 없이 꽃동네를 위해 일하고 있다.

그가 이런 봉사의 일을 하게 하는 원인은 무엇일까? 우리는 1990년 '꽃동네' 회보 속에 있는 그의 신앙 고백적인 글에서 그것을 알 수 있다. "주님… 이기적 삶을 살아온 45년 간의 의사 생활, 공직 생활을 떠나 저 여기 왔습니다. 정년이란 좋은 제도가 어떻게 살 것인가 생각을 정리하게 해 주었습니다… 사지가 부자유하다고, 생각이 약간 모자란다고 주님 보시기에 그들이 저와 다른 게 무엇이 있겠습니까? 주님께서 저를 필요로 하시는 그 날까지 여기에 맺어주신 친구들과 더불어 동고 동락하며 주님의 뜻을 펴겠습니다"

부활의 신앙을 가슴 속에 불태우는 성도는 이웃의 영혼에 관심을 가지게 된다. 그리고 내가 해야 할 것이 무엇인가를 생각하게 되고 행동에 옮기게 된다. 부활의 생명을 가진 사람은 이 세상에만 집착하지 않으며, 자신의 몸과 자신의 이익에만 관심을 가질 수 없다. 그리스도 명령에 더 많은 관심을 가진다.

〈1996. 4. 7.〉

국회의원 선교사가 많았으면

지난 4월 11일 총선에서 신인들이 대거 당선되었는데, 그 중에 상당수의 기독교인들이 국회의원으로 활동하게 된 것은 고무적인 일이 아닐 수 없다. 특히 앵커맨 출신의 후보자들이 독실한 신앙인들로 알려져 화제가 되고 있는데 20년 야당의 아성인 서울 중구의 당선자 박성범씨는 부인 신은경씨와 함께 장충단 성결교회에 출석하고 있다. 그는 모태신앙으로 선거기간동안 교회 청년들이 자원 봉사대를 조직해 도움을 주었고, 자신도 "신앙이 큰 힘이 되었다"고 고백했다. 부인 신씨도 "어려울 때마다 기도로 힘을 얻었다"고 하였다.

그들은 무엇보다도 하나님과의 관계가 최우선이고 그 다음이 선거운동으로 우선 순위를 정해 놓았다. 실제로 부활절 칸타타 찬양예배의 나레이션을 맡아 후보들의 합동연설회 시간과 겹쳐졌지만 하나님과의 약속이 더 중요하다고 판단해서 유세장에 나가지 않고 출석교회의 예배 순서에 수종들었다고 한다.

인천 남동갑에 당선된 이윤성씨 역시 부인을 통해 신앙생활을 시작했는데, 특히 부인 이순구씨는 기독교 가정에서 자라나 봉사정신이 몸에 배어서 인천에 온 이후에 사회의 그늘지고 소외된 곳을 찾아 봉사의 손길을 펴는 것으로 내조를 대신하고 있다고 한다. 이윤성씨도 "견실한 믿음을 바탕으로 실망을 주지 않는 정치인이 되겠다"고 말하며 "낮은 곳으로 임하시는 주님의 모습을 좇아 가진 자보다 소외된 자에게 다가가며 사랑과 인정을 아끼지 않는 '따뜻한 가슴'의 정치인이 되겠다"고 밝혔다.

서울 송파을의 당선자인 맹형규씨 역시 런던 특파원 시절부터 신앙생활을 시작했으며 선거 결과가 하나님께 달려 있다고 믿고, "선거 기간 하나님이란 든든한 백을 믿고 의지하며 편안한 마음으로 선거 운동에 임했다"고 한다. 새벽기도 때마다 부인 채승애씨와 성도들의 뜨거운 기도의 후원이 있었으며, 당선된 후 지난 14일 주일예배에서 담임 목사의 집례 하에 성경에 손을 얹고 '신앙인으로 부끄럽지 않는 의정활동을 펼칠 것'을 선서했다고 한다.

박성범씨는 "하나님의 공의가 이 사회에 임할 수 있도록 깨끗한 정치 풍토를 정착시키겠다"고 밝혔으며, 이윤성씨는 "힘들고 지칠 때마다 크신 은혜로 나를 이끌어 주신 주님의 은총에 감사 드리며, 나라의 평화와 발전을 기원하는 기도를 게을리 하지 않겠다"고 했고, 맹형규씨 역시 "국회의원 취임 이전에 신앙인으로써 부끄럽지 않은 의정활동을 펼칠 것을 하나님 앞에 먼저 약속했으며 그대로 실천해 나갈 것이다"라고 말했다.

신실한 기독교인 국회의원들이 많다는 것은 흐뭇하고 감사할 일이다. 그런데 문제는 지금까지도 상당수의 기독교인들이 국회 안에 있었지만 그들이 빛과 소금의 사명을 다한 흔적이 눈에 띄지 않을 뿐만 아니라 오히려 기독교인이 아니었으면 생각되는 사람들이 적지 않았다는 사실이다.

이제 시대는 바뀌어 가고, 온 국민이 변화와 기대를 갖고 있는 이 때에 멋있는 기독교인의 신앙과 인격으로 하나님의 공의를 실천하는 정치인이 되기를 바라며, 그들의 말대로 정치 시청률을 높이는 의정활동과 하나님은 나의 백(Back)이라는 확신 있는, 소신 있는 의정 활동을 기대한다. 진실과 공의가 통하며 정의와 정직이 위력을 발휘하는 정치문화를 만들어 가기를 바란다. 덧붙여서 우리교회도 언젠가 국회로, 정계로 또는 다른 공직으로 파송 되는 신실한 믿음의 자녀들을 위해 하나님의 말씀 위에 손을 얹고 파송의 예배를 드리는 그 날들이 속히 오게 되기를 기도해야겠다. 오직 하나님 영광을 위해서…

〈1996. 4. 28.〉

걸어 다니는 광고, 다이애나의 사치

비련의 황태자비로 잘 알려진 영국 찰스 황태자빈 다이애나. 유치원 보모에서 왕태자 빈으로 화려한 변신을 하는 순간부터 매스컴의 시선을 받기 시작한 그녀는 남편의 무관심과 불륜에 시달리다가 자신도 부정관계를 가진 것을 과감히(?) 폭로함으로 결국 오늘에까지 이르게 되었다. 그럼에도 불구하고 국민의 동점심을 끌어 그의 인기가 계속 치솟아 오르자 그녀가 움직이는 곳마다 영국 광고업계와 각종 기업들의 갖가지 제품들이 대거 무료로 제공되기도 하였고, 그녀의 이름을 딴 이른바 'Di 상품'이 날개돋친 듯 팔려 그 수익이 2천 3백만 달러(1백 80억 원)에 이른다고 한다. 또 영국 관광업계도 황태자 빈이 업계에 직접 미치는 영향이 약 2천만 달러(1백 6억 원)이며 간접적으로 미치는 업계의 영향은 약 8천만 달러(약 6백 30억 원)에 이르는 것으로 보고있다.

얼마 전 독일 자동차 회사인 Audi사가 6만 달러 짜리 고급 차를 다이애나에게 선물로 제공하였고, 다이애나가 탄 그 독일 차가 TV에 비치게 되자 서로 바치지 못해서 안달을 부리는 소동이 일어났다. 이런 엄청난 돈이 그녀에게 필요한가에 대한 의문이 일어난다.

「데일리 메일」신문이 발표한 다이애나의 소비성을 보면 대단히 사치를 하고 있는 것으로 나타났다. 그녀의 1년 용돈은 약 2억 1천 1백만

붙이었다. 그 내용을 보면,

미용관리비 - 1년 간 매니큐어 2,200만원, 화장품·향수 700만원, 비타민 24만원

의상비 - 핸드백 693만원, 옷 8,923만원, 구두 1,304만원

치료비 - 향수치료 260만원, 마사지 463만원, 반응치료 240만원

신체관리비 - 하버클럽 회비 445만원, 밴더빗클럽 회비 204만원, 스포츠·무도의상 95만원, 에비앙 생수 22만원, 개인 교습비 549만원, 테니스 라켓 257만원

휴가비 - 두 아들과의 휴가비 2,404만원, 선글라스 8개 106만원, 어린이 스키복 106만원, 캐주얼 의상 475만원, 수영복 6벌 71만원

미장원 - 정기적 커트 1,056만원, 추가커트 138만원, 샴푸 40만원

성경은 여성들의 미모와 아름다움에 대해 다음과 같이 말씀한다. "너희 단장은 머리를 꾸미고 금을 차고 아름다운 옷을 입는 외모로 하지 말고, 오직 마음에 숨은 사람을 안정한 심령의 썩지 아니할 것으로 하라. 이는 하나님 앞에 값진 것이니라."(베드로전서 3:3~4)

진정한 아름다움은 외부적인 사치가 아니라 속 사람 즉, 내적 단장에 있음을 보여준다. 다이애나 뿐 아니라 우리 모든 여성들이 진정한 아름다움을 추구하고 영원한 아름다움을 사모하는 생활을 깊이 생각해 보아야 할 것이다.

〈1996. 5. 12.〉

명예가 부른 해군 참모총장의 죽음

미국의 해군 참모총장이 자살한 사건이 미국은 물론 전 세계에 충격을 주고 있다. 정확한 자살 이유는 알 수가 없지만 대부분이 짐작하는 것은 바로 'V 메달' 때문이라고 한다.

V기장은 Valor(용기)를 뜻하는 것으로 직접적인 적의 위협에 노출되었던 전쟁에 참전한 군인에게 수여되는 미 해군의 명예의 상징으로 알려져 있다. 해군 상점에서 1달러만 주면 쉽게 살 수 있는 것이지만 V기장은 아무에게나 주어지지 않는 최고 명예의 상징이다. 그런데 실제로 V기장을 수여 받은 적이 없는 고 마이크 부어다 해군 참모총장(56세. 대장)이 그의 가슴에 그것을 두 개나 달고 다닌 데서 문제가 시작되었다. 이 사실을 언론이 추적하기 시작했다. 실제로 받았는가에 대해 「뉴스위크」지 기자가 인터뷰를 하러 온다는 말을 듣고 인터뷰 약속시간을 정해둔 후에 집에서 V기장을 달고 다녔다. 그러다가 가슴에 38구경 권총을 쏘아 자살했다. 죽기 전에 V기장이 문제가 되자 자기가 실수로 V기장을 달게 되었다고 고백하고 언론에 밝히겠다고 말했다고 전해졌다.

물론 V기장이 직접적인 자살 원인으로 떠오르지만 그 외에도 잇따라 발생한 성희롱 사건 때문에 시달린 일, 또 해군 윤리 위기를 극복해야 될 책임감, 그리고 사건의 처리과정에서 너무 정치권에 굽신거린다는 내외의 비판과 그가 해군 제독의 권위를 실추시켰다고 사임을 촉구하는 투고가 실리기까지 하는 등 감당하기 힘든 스트레스가 그의 죽음을 앞당긴 것으로 보고 있다.

그러나 어떤 이유에서든지 자살은 옳지 못하며 성경의 가르침에 위배된다. 결국 명예가 죽음을 초래했고, 잃어버린 명예를 자살로 회복하려고 했다. 물론 과거의 조그만 잘못을 가지고 현재의 업적까지도 깡그리 무시해 버리는 풍토는 잘못된 것이라고 말할 수 있을 것이다. 그러나 기억할 것이 있다. 명예는 내가 만드는 것이 아니라는 것이다. 또한 우리는 잠시 있다가 잊혀져 버리는 세상의 명예보다 장차 하나님 앞에 설 때 주어지는, 시들지 아니하고 영원히 빛나는 참된 명예를 깊이 생각해야 할 것이다.

〈1996. 5. 26.〉

삼풍 희생자의 '사랑의 장학금'

　전 국민을 경악시킨 삼풍백화점 붕괴 사고가 일어난 지 벌써 1년이 되었다. 아직도 그 때의 충격과 아픔은 우리 모두의 뇌리에 선명히 남아있다. 그런데 삼풍백화점 희생자의 유족이 아들의 보상금 전액을 장학금으로 내어놓았다. 그 주인공은 지난 해 6월 삼풍백화점 붕괴 때 숨진 고 박준규씨(당시 35세)의 어머니 김정숙(74세) 할머니이다. 이 할머니는 삼풍측으로부터 받은 보상금 2억 원으로 아들이 다니던 경희대에 1억 원, 그리고 서울산업대에 1억 원씩을 장학금으로 기탁했다. 아들 박씨는 사고를 당하기 전에 경희대 화학 공학과 박사과정에 재학하면서 서울산업대 정밀 화학과에 시간 강사로 출강 중이었다.
　막내아들 박씨의 결혼을 학수고대하던 어머니에게 "공부를 마치면 꼭 어머니 마음에 드는 색시를 데려오겠다"고 약속하던 그 아들에게서 매일같이 걸어오던 전화가 끊긴 후 5일째 되던 날, 삼풍백화점 콘크리트 더미 밑에서 시신으로 발견되었다는 청천 벽력같은 소식을 듣게 되었다.
　망연자실했다. 그 아픈 시간들이 지나자 어머니는 큰 결심을 했다. "장가도 가지 않은 아들의 사망 보상금을 쓸 수는 없었습니다. 돈이 없어 공부를 계속할 수 없는 학생들을 위해 썼으면 좋겠습니다"하면서 거금을 사랑의 장학금으로 내어놓았다. 실내 수영장을 운영하고 있는 큰아들은 "죽은 아들 보상금을 어미가 쓸 수 없다는 것이 어머니의 뜻이었다"고 말했다.

아직도 우리 사회에는 부실 건물들이 많이 있고, 억울하게 인명이 희생당하는 사건, 사고들이 끊이지 않고 있다. 그러나 평생 잊을 수 없는 삼풍사건의 상처를 간직한 한 어머니의 사랑의 성금은 가해자와 피해자, 그리고 모든 사람들에게 많은 것을 생각하게 하는 것이다. 사치, 과소비, 낭비, 허례허식의 소비 풍조가 국가의 경제까지 흔들고 있는 이때, 돈이라면 어떤 수단과 방법도 가리지 않고 얻기 위해서 기를 쓰는 이 사회 풍토에 '돈은 이렇게 쓰는 것'이라고 가르쳐 주는 '아픔을 간직한 한 어머니의 결단'은 감동적이다.

성경은 물질의 주인은 하나님 아버지시며, 우리는 청지기임을 분명히 가르쳐 주고 있다. 따라서 지혜로운 자는 하나님의 것을 어떻게 잘 관리하며 사용하는가에 따라 결정된다는 사실을 우리는 항상 기억해야 할 것이다.

⟨1996. 6. 30.⟩

당신은 친절을 베푸는 아저씨인가

 미국의 디트로이트 시에서 사람들이 비행기를 놓치지 않으려고 달려가다가 그 중 한 명이 어린 소녀가 앉아있는 사과 가판대를 발로 걸어차 버렸다. 그렇지만 비행기 시간 때문에 누구 하나 멈추지 않고 그대로 달려가 가까스로 비행기를 탈 수 있었다.
 그런데 그 중에 한 사람이 비행기를 타지 않았다. 그 이유는 마음에 가책을 받았기 때문이다. 그는 동료들을 보내고 그 어린 소녀가 있는 곳으로 돌아왔다. 열 살쯤 보이는 그 소녀는 장님이었다. 그 소녀는 멀리 떨어진 사과를 주워 모았지만 사과 몇 개는 많이 상해 버렸다. 돌아온 아저씨는 지갑 속의 돈을 꺼내어 소녀에게 주면서 "여기 십 달러를 받아라. 우리가 네 사과를 상하게 한 값이란다. 우리 때문에 너의 하루 벌이를 못하면 안되지"하고 말한 후 그 소녀에게서 돌아섰다. 그러자 그 소녀가 외쳤다. "아저씨 예수님 아니세요? 지금까지 제게 이런 친절을 베풀어 준 사람은 아저씨 단 한 분밖에 없어요."
 요사이 말하기도 부끄러운 '짐승 같은 이웃'들이 우리가 살고 있는 이 땅, 아니 우리 주위에 너무도 많이 있다. 11세의 한 소녀 가장이 마을 사람들에게 집단 성폭행을 당하자 그 소녀는 음독자살을 기도했다.

그 불쌍한 소녀의 편지에 적힌 14명의 마을 사람은 중학생, 대학생, 회사원에 이르기까지 다양했다. 그리고 이외에도 직접 성폭행한 사람이 더 있는 것으로 알려지고 있다고 한다.

직접 괴롭히지 않은 사람들은 그 소녀를 보호해 주거나 도와주지 않았다. 고통 당하는 것을 알면서도 하나같이 모두 외면했다고 한다. 왜 우리의 양심이 이렇게 도덕적으로 윤리적으로 무감각해지고 사악해져 버렸는지. 처참한 우리의 모습 앞에서 통곡이라도 해야 될 것 같다.

이웃사촌, 동방예의지국은 어디로 가고 안면수심, 짐승 같은 이웃이 되어가고 있는지… 정말 친절한 아저씨가 많이 나타나야 하는 시대이다. 강도를 만나 죽어 가는 사람에게 친절을 베푼 '선한 사마리아인'이 여기저기서 끊임없이 일어나야 할 것이다. 당신은 친절한 아저씨인가?

〈1996. 7. 14.〉

플림솔의 선(線)

영국의 국회의원 중에 사무엘 플림솔(Samuel Plimsoll)이라는 사람이 있었다. 그는 화물선에 너무 짐을 많이 싣는 바람에 자주 침몰 당하여 많은 인명과 재산이 피해를 당하는 것을 안타깝게 생각했다. 그래서 그는 재난을 막아보기 위해 연구한 끝에 화물선에 위험선을 표시하도록 했다. 그 이후 화물선은 모두 위험선에 물이 찰 때까지만 짐을 싣게 되었다. 이것이 오늘날까지 이어져 '플림솔의 선'이라고 불려지고 있다.

우리 인생들도 모두 '플림솔의 선'을 가지고 있다. 이 '플림솔의 선'을 넘어서면 위험할 수밖에 없다. 그러나 작금의 일들을 보면 이 선을 넘는 사람들이 너무 많이 등장하고 있어 심히 위태함을 느끼지 않을 수 없다. 지나친 보신욕을 가진 사람들이 곰, 뱀 등을 잡아먹기 위해 해외에까지 가고, 돈에 너무 욕심을 내서 썩은 고기를 팔고, 부당한 방법을 정당화하는 행위, 성(性) 도덕을 무자비하게 충동질하고 파괴하는 모습들은 모두 '위험선'을 넘는 것들이다.

그러므로 이 '플림솔의 선'은 우리의 행복을 지켜 주는 선이다. 너무 많은 욕심을 부려서 이 위험선을 초과해서 실으면 우리의 건강도, 행복도 파괴될 수밖에 없다. 전무후무한 지혜의 왕인 솔로몬은 성경말씀에

"무릇 이를 탐하는 자의 길은 다 이러하여 자기의 생명을 잃게 하느니라"(잠언 1:19)고 했다. 우리는 내게 주신 삶 속에서 자족하며 감사할 줄 알고 항상 '위험선'을 넘지 않도록 직시하며 살아가는 생활을 추구해 나가야할 것이다.

〈1996. 8. 18.〉

행복하게 사는 법

미국에 머리가 붙어 있는 쌍둥이 흑인 아이가 태어났는데 절단 수술이 불가능했는지 머리가 붙은 채로 어른이 되도록 자랐다. 그들의 부모는 부끄럽고, 비참해서 그들을 짐승처럼 집안에 꽁꽁 가두어 놓고 길렀다. 물론 학교도 보내지 않았다. 그런데 어느 날 그들은 자신들도 예수님을 통해서 행복할 수 있다는 생각을 하게 되었다. 그리고 아주 늦었지만 초등학교에 입학하여 어린이들과 함께 공부하기로 결심했다.

공부 시간, 형이 앞으로 나가서 칠판의 문제를 풀어야 할 때, 머리가 붙은 탓에 동생도 같이 따라 나가야 했다. 보는 사람들이 비참함과 안타까움을 느꼈지만 그들은 싱글벙글했다. 평생을 서로 머리가 붙은 채로 살아가야만 하는 절대적 불행의 조건이었으나 그들은 하나님이 허락하신 조건대로 살아가는 절대 행복의 길을 선택했던 것이다.

행복은 의지적인 결단의 결과이다. 행복한 조건이 아무리 많아도 불행하게 사는 사람이 많다. 그와 반대로 불행의 조건들로 둘러 싸여 있더라도 행복하게 살기로 결심한 사람은 행복하게 살수 있다.

"내가 비천에 처할 줄도 알고 풍부에 처할 줄도 알아 모든 일에 배부

르며 배고픔과 풍부와 궁핍에도 일체의 비결을 배웠노라."(빌립보서 4:12)

〈1996. 9. 22.〉

겨울 준비

　겨울이 오면 동물들은 겨울을 대비한다. 철새들은 따뜻한 남쪽으로 이동할 준비를 하고, 이동하지 않는 새들은 털 깃을 부풀려서 따뜻한 공기를 그 속에 넣어 겨울철 차가운 날씨에 대비한 방한복으로 사용한다. 포유동물은 여름철의 짧은 털 대신 두꺼운 모피로 갈아입는다.
　많은 동물들은 추운 겨울에 필요한 음식을 섭취하여 지방으로 바꾸어 저장해 둔다. 또 다른 동물들은 몸밖에다 저장해 두는 경우도 있다. 벌레와 지렁이를 잡아 땅 속의 곳간에 저장하고, 솔방울, 도토리, 밤, 그 밖의 식물종자, 그리고 버섯까지도 땅을 파서 저장하며, 또한 자연적인 나무 구멍이나 빈 새둥지를 준비해 두기도 한다.
　만물의 영장인 우리 인생들도 인생의 겨울을 준비하는 지혜가 있어야겠다. 정년퇴직을 한 후 짧은 노년의 삶을 위해 어디에서 어떻게 보낼 것인가 하는 것뿐만이 아니라, 이 세상의 삶을 마무리하는 죽음 이후의 준비를 어떻게 하느냐 하는 것이 보다 더 본질적이고 근본적인 것이다. 그런데 문제는 이 죽음 이후의 삶에 대하여 관심을 가지지 않고 있는 사람이 의외로 많다는 데 있다.
　죽음 이후에 있을 인생의 겨울에 대하여 전혀 대비하지 못한 사람들에게 우리는 금번 전도집회(10월 16일~20일)를 통해서 확실하게 예수 그리스도를 소개해 주는 기회를 만들어야 할 것이다.

"한 번 죽는 것은 사람에게 정하신 것이요 그 후에는 심판이 있으리니…."(히브리서 9:27)

⟨1996. 10. 6.⟩

참된 성공

제2차 세계대전 때에 영국의 수상이었던 윈스턴 처칠이 어느 독신 여성과 대화를 나누었다. 그 여인은 돈을 최고로 여기는 사람이었다. 자신이야말로 백만 장자의 아내가 될만한 충분한 자질이 있다고 당당하게 말했다. 처칠 수상이 그녀에게 물었다. "그러면 당신은 백만 장자가 청혼을 하면 승낙하시겠군요?" 그 여자는 당연하다는 듯이 말했다. "물론이지요." 처칠이 다시 물었다. "만일 100불을 가진 사람이 당신에게 청혼을 하면 어떻게 하시겠습니까?" 그러자 여자는 화를 벌컥 내면서 "도대체 나를 어떤 여자로 보기에 그런 질문을 하죠?" 처칠이 대답했다. "당신의 인격에 대해서는 짐작할 수 있겠어요. 알고 싶었던 것은 그것이 어느 정도까지 내려가나 본 것입니다."

오늘날 많은 사람들이 성공의 목표를 돈에 두고 있다. 그러나 돈에 자신의 몸을 판다면 100만 불을 받거나 100불을 받거나 마찬가지다. 돈이 많고 적음이 결코 성공의 표준이 될 수가 없다. 상대성 원리를 창안한 세계적인 물리학자인 아인슈타인은 "성공하려는 사람이 되지 말고 가치 있는 사람이 되라"고 말했다.

참다운 성공은 돈을 얼마나 많이 가졌는가에 따라 결정되는 것이 아니라 그 사람의 인격이 어떠한가에 따라 판가름나는 것이다. 그러므로 외형적으로 성공했다고 자랑하는 것 보다 내가 하는 일이 얼마나 가치 있는 일인가 하는 것이 더 중요한 것이다.

하나님의 백성은 인격을 중요시한다. 그리스도를 닮아 가는 인격이 우리의 성공의 목표이다. 그러므로 범사에 모든 생활이 그리스도의 인격을 닮아 가도록 노력해야 한다. 참된 성공은 하루아침에 이루어지는 것이 아니라 그리스도의 인격을 매일 같이, 매달마다, 매해마다 꾸준히 이루어 가는 것을 통해 성취되는 것이다.

"우리가 다 하나님의 아들을 믿는 것과 아는 일에 하나가 되어 온전한 사람을 이루어 그리스도의 장성한 분량이 충만한데 까지 이르리니."(에베소서 4:13)

〈1996. 10. 20.〉

조화의 삶

오래 전에 미국으로 망명한 소련의 발레리나 마카일 바르시니코프가 워싱턴 DC에서 2주일 동안 공연을 하게 되었다. 그는 좋은 평을 받았고 그의 인기는 날이 갈수록 높아졌다. 그는 2주일 후에 미국인 발레리나 겔시 키클랜드와 함께 공연을 하게 되었다. 그의 파트너인 겔시 키클랜드는 공연 때마다 자신감이 없어 보였고, 너무 자신에게 집착했기 때문에 발레 공연이 끝난 후에 항상 좋지 못한 평가를 받는 사람이었다. 그런데 미카엘 바르시니코프와 파트너가 된 후에 두 사람은 놀랄 만큼 조화를 이룬 훌륭한 공연으로 모든 미국 사람들에게서 찬사를 받았다.

우리가 살아가는 이 세상에 혼자서는 힘들어도 다른 사람과 조화를 이룰 때 훌륭한 결과를 가져 올 수 있는 일들이 얼마나 많은가? 야구와 축구, 농구 등의 스포츠에서 선수들 상호간의 조화, 코칭 스탭과 선수들의 조화는 말할 필요도 없고, 사업 파트너와의 조화, 선생님과 학생들간의 조화, 가족들 사이의 조화, 성도들간의 조화 또한 너무도 중요하다. 우리는 혼자서 살 수 없다. 우리의 보호자가 되고 우리의 가능성을 마음껏 발휘할 수 있도록 도와줄 파트너가 필요하다.

그러한 우리에게 가장 완벽한 파트너가 있다. 그분은 예수 그리스도

이시다. 그 분과 조화를 이룰 때 우리는 어떤 환경 속에서도 승리할 수 있다.

"내게 능력주시는 자 안에서 내가 모든 것을 할 수 있느니라."(빌립보서 4:13)

〈1996. 11. 3.〉

나는 하나님의 몽당연필입니다.

심장병으로 사경을 헤매고 있는 '빈자(貧者)의 성녀(聖女)' 테레사 수녀(86세)는 의사의 치료를 거부하고 "가난한 사람들처럼 그냥 죽어 가게 해 달라"고 말해 듣는 이들에게 감동과 안타까움을 주고 있다.

테레사 수녀는 1910년 8월 27일 지금의 유고 땅인 마케도니아 수도 스코페에서 알바니아인 부모 사이에서 태어났고, 18세 때 로레타 교단에 들어가기 위해서 아일랜드로 떠나게 되었다. 그때 그녀의 어머니는 어린 딸에게 "주님의 손에 네 손을 얹고 그와(주님과) 함께 가라"고 말했다. 이 말이 평생동안 그녀의 삶의 지침이 되었다. 그녀는 1979년 노벨 평화상을 받았을 때 상금 19만 달러를 나환자 수용소 건설 자금으로 내어놓았고 축하연을 베풀어주려는 사람들에게 간청해 그 비용도 가난한 사람들에게로 돌렸다. 교황 바오로 6세가 캘커타를 방문한 뒤 흰색 리무진을 그녀에게 선물했을 때 교황의 귀한 선물도 과감하게 팔아버리고서 벵골의 나환자 수용소 건립을 위해 사용했다.

다르질링의 로레타 수도원에서 수녀 견습 생활을 마친 그녀는 캘커타의 슬럼 가로 뛰어 들어가 '사랑의 선교회'를 만들어 고아, 나환자, 에이즈 환자, 무의탁 노인 등 버림받고 갈데 없는 모든 사람들을 감싸 안았는데, 지금은 전 세계 95개국 2백여 개 도시에서 4백 45개 구호

기관을 운영할 정도로 성장하였다. 거기에서 2천 5백 명의 수녀와 수천 명의 자원 봉사자들과 함께 주님의 사랑을 실천하고 있는 것이다.

테레사 수녀는 1995년 출판된 묵상집「사랑은 철 따라 열매를 맺나니」에 "당신은 하나님의 손에 쥐어진 몽당연필입니다. 그 분이 언제 어디서든 당신을 사용하실 수 있도록 그분 손에 쥐어진 작은 도구가 되십시오"라고 기록하고 있다. 1996년도 성탄절이 다가오고 있는 이 시점에서 아름다운 영혼의 소유자인 그녀의 고백처럼 '하나님의 몽당연필'로 그 분이 원하시는 곳에서 사랑과 봉사의 도구로 쓰임 받기를 다짐해 보아야겠다.

"너희 지체를 불의의 병기로 죄에게 드리지 말고, 너희 지체를 의의 병기로 하나님께 드리라."(로마서 6:13)

〈1996. 12. 8.〉

크리스마스 선물

미국 서부 개척 당시, 한 남편이 사랑하는 아내에게 줄 선물을 사기 위해서 시내에 나갔다. 그는 아내의 고운 머리카락을 빗을 예쁜 빗 한 개와 아름다운 모습을 비출 작은 거울을 샀다. 돈이 없었던 그는 영국에서 가져온 그의 손목시계를 팔아 아내의 선물을 사게 되었다. 한편 아내도 남편을 위해 선물을 준비했다. 그녀의 곱고 긴 머리카락을 팔아서 남편에게 줄 좋은 시계 줄 하나를 샀다. 이윽고 저녁 빵과 야채와 스프를 놓고 감사 기도를 드린 가난한 부부는 식사와 함께 서로 준비한 크리스마스 선물을 전달하게 되었다.

그러나 머리를 잘라 버린 아내는 남편이 마련해 온 빗이 소용이 없게 되었고, 시계를 팔아 버린 남편에게는 아내가 준비해 온 손목시계의 줄이 아무런 소용이 없었다. 두 사람은 뜨거운 감정에 휩싸여 울음을 터뜨렸다. 그들의 울음은 아쉬움과 감격이 어우러진 너무도 감동적이고 아름다운 눈물이었다. 비록 가난한 밤의 크리스마스였으나 서로를 향한 사랑과 존경심은 그 어떤 것보다도 귀하고 소중한 선물이었다.

드디어 성탄절이 눈앞으로 다가왔다. 많은 사람들이 카드를 보내기도 하며, 정성이 담긴 선물을 주고받기도 한다. 선물은 그 내용이 얼마나 가치 있는 것인가, 값비싼 것인가가 중요한 것이 아니다. 비록 작은 것이라 할지라도 정성과 사랑이 담긴 것이어야 한다.

역사상 가장 위대한 선물은 하나님께서 우리를 구원하시러 인간으로 이 땅에 오신 것이다. 이 보다 더 큰 선물이 어디에 있겠는가? 하나님께서 자신을 선물로 주시기 위해 이 땅에 오셨다. 그러므로 이 성탄절이야말로 우리에게 가장 소중한 선물임을 바로 알아야 한다. 그 분이 이 땅에 오신 이 위대한 선물을 바로 알지 못한다면 성탄절 선물은 그 의미를 상실한 것이다. 이제 이 위대한 선물을 소유한 우리들이 아직 그것을 가지지 못한 사람들에게 전해 주어야 한다. 나누어주어야 한다. 예수님을 소개해 주는 것이야말로 가장 위대한 크리스마스 선물이다. 그리고 예수님의 그 섬김의 정신으로 우리의 이웃들에게 사랑과 정성이 담긴 조그만 선물을 전해 줄 때 우리도 참된 크리스마스 선물에 동참할 수 있을 것이다.

"인자의 온 것은 섬김을 받으려 함이 아니라 도리어 섬기려 하고, 자기 목숨을 많은 사람의 대속물로 주려 함이니라."(마가복음 10:45)

〈1996. 12. 22.〉

제 **4** 부
당신은 걸작품이다

50. 희망을 가지자
51. 북한은 무너지고 있는가
52. 나이팅게일의 희생을 배우자
53. 예수 그리스도는 부활하셨다
54. 우리는 미래를 준비하고 있는가
55. 어머니의 사랑은 삶의 폭풍에서의 항구
56. 사랑을 받기보다는 주는 사람이 되라
57. 아름다움의 비결
58. 화성에 안착한 무인 탐사선 '패스 파인더'
59. 사랑은 죽음처럼 강하고
60. 가장 좋아하는 찬송
61. 역사의 왜곡을 깬 한 일본인의 양심
62. 당신은 걸작품이다
63. 세계 제일의 골초 국민
64. 심령이 변화되어야
65. 5D를 극복하면 위기를 극복한다
66. 아직도 남은 것이 있다

희망을 가지자

뉴욕 그랜드 센트럴 정거장에 '포오터 42번'이란 애칭으로 통하는 짐꾼이 있었다. 그는 명물로 소문이 나 있었다. 그는 짐을 많이 날라 돈을 버는 것 보다 '사람'에게 더 많은 관심이 있었다. 특별히 외롭고 걱정스러운 표정을 가진 사람을 찾아가서 그들을 위로해 주었다. 어느 날도 그는 다리를 절뚝거리다가 벽에 기대어 흐느껴 우는 어떤 부인을 보고 찾아가서 무엇인가 친절하게 몇 마디의 말을 건네주고는 기차까지 데려다 주었는데, 기차에 오르는 그 부인의 얼굴이 기쁜 낯으로 변해 있었다.

1년 후에 그 부인과 무슨 대화가 있었는가가 밝혀졌다. 한 소녀가 역장실을 찾아와 '포오터 42번'을 찾았다. '포오터 42번' 할아버지가 도착하자마자 친할아버지를 만난 것처럼 달려들어 껴안고 반가와 하던 그 소녀는 "할아버지, 제 어머니는 지난달에 세상을 떠났습니다. 어머니는 뉴욕에 가는 길에 '포오터 42번'을 꼭 만나 이 말을 전해 달라고 하셨습니다. 할아버지의 말씀대로 하나님이 나를 사랑해 주시고 하나님이 언제나 내 곁에 계신다는 것을 믿다가 죽었다고요"라고 말했다.

'포오터 42번'은 흐느껴 우는 한 부인에게 희망을 속삭여 주었던 것이다. 오랜 투병 속에서 절망의 포로였던 그 부인은 '포오터 42번'을 만난 뒤 희망의 포로로서 밝은 마음으로 죽을 수 있었다.

새해를 맞이한 우리는 희망을 가지고 살아가자. 세상이 무너지는 듯한 절망을 당해도 우리에게는 그 절망을 거뜬히 이길 수 있는 희망이 있다는 것을 알아야 한다.

예수님은 말씀하셨다. "세상에서는 너희가 환난을 당하나 담대하라. 내가 세상을 이기었노라."(요한복음 16:33) 우리 모두 희망을 가지고 다시 출발하자. 하나님이 항상 우리를 사랑하시고 언제나 우리 곁에 계심을 기억하면서…

〈1997. 1. 5.〉

북한은 무너지고 있는가

　북한 내 주체 사상의 최고 권위자인 황장엽 노동당 국제 담당 비서가 중국 북경에 있는 한국 대사관에 찾아와 귀순을 요청했다. 이것이 남한은 물론 북한에 심각한 충격과 놀라움을 주었을 뿐만 아니라 전 세계가 이 기대 밖의 사건에 관심을 가지고 주목하고 있다. 한보 사태로 정신 없던 국민들의 관심이 온통 황장엽 사건으로 바뀌어 버리자 여당은 이번 기회에 한보 사태 등 골치 아픈 문제들이 빨리 수습되기를 바라고, 야당은 또 북풍 때문에 손해를 보는 것이 아닌가 하여 지나칠 정도의 억지 논리를 펴고 있다. 과연 엄청난 사건임엔 틀림이 없는 것 같다.

　그는 "인민들이 굶어 죽는데 무슨 사회주의인가?", "북에서 사상 비판을 받아 불안했다"고 하며, "공개 규탄을 받고 죽느니 차라리 자결하는 것이 낫다고 생각하여 귀순을 결심했다"고 한다. 그는 또 "우리 민족 구원 문제를 남한에서 협의하고 싶다"고 자필로 진술서를 기록했고, "북에서 적지 않은 사람이 굶어 죽어 가고 있는데 이에 대한 관심은 없고 남쪽에서 시위만 벌이고 있는 사람들을 이해 할 수가 없다"고 지적하기도 했다. 그리고 그는 "북한이 경제적으로 난관을 겪고 있다고 하지만 정치적으로 잘 단결되어 있기 때문에 붕괴될 위험성은 없다고 생각한다"고 덧붙이기도 했다.

  그는 김정일에게 제왕학을 가르쳤고, 출생 등을 조작해서 후계 구도 굳히기에 결정적 역할을 했다. 김정일의 두 번째 처 김혜숙을 중매하기도 했다. 한때 김정일의 어린 시절 가정 교사였고 김일성 대학의 총장, 최고 인민 회의 의장 등을 거치며 북한의 주체 사상을 체계화하는데 공헌한 사람이다. 그러한 그가 "굶어 죽는 북한은 사회주의가 아닌 봉건주의"라고 선포하고 남한으로 귀순해 버렸다.

  절대 권력은 존재할 수 없다. 아무리 폐쇄된 사회를 만들어도 비밀은 탄로 나게 마련이다. 북한이 무너지고 있는 것은 틀림이 없다. 문제는 어떤 방법으로인가 하는 것이다. 우리는 결코 전쟁이나 도발 등 어떤 형태로든지 피 흘림의 양상은 막아야 한다. 많은 전문가들이 전쟁도발의 위험성을 매우 높게 예상 분석하고 있음을 기억하며, 우리는 평화적 통일을 위해서 힘을 기울여야 한다. 무엇보다 이 세상의 역사는 우리 사람의 계획과 뜻대로 되는 것이 아니라 오직 역사를 주장하시는 창조자 하나님의 뜻대로 진행되는 것을 알고 어느 때 보다도 나라와 민족을 위해서, 특히 북한을 위해서, 평화적 통일을 위해서 더욱 더 간절히 기도해야 할 때임을 기억해야 할 것이다.

  "임금들과 높은 지위에 있는 사람을 위하여 하라. 이는 우리가 모든 경건과 단정한 중에 고요하고 평안한 생활을 하려 함이라."(디모데전서 2:2)

〈1997. 2. 16.〉

나이팅게일의 희생을 배우자

플로렌스 나이팅게일은 이탈리아의 부유한 가정에서 문화적인 교육을 받으며 자라났다. 부모의 결혼 권유를 거부하고 31세가 되던 해 "살아갈 의욕이 없다. 텅 빈 공허감… 나는 죽을 수밖에 없다", "삶의 가능성은 무엇인가?"하는 문제로 고민하다가 그의 삶을 완전히 새롭게 바꾸는 전기를 마련했다. 그녀는 전쟁터에서 피를 흘리며 쓰러져 가는 부상자들을 치료하기 위해 간호학을 공부하였고, 부모의 만류를 뿌리치고 이 젊은 여인은 전쟁터를 찾아갔다. 피 흘리며 고통하는 전상자들을 붕대로 싸매어 주고, 사랑으로 돌아보며 3년 동안을 도왔다. 그러자 그녀가 지나갈 때면 마치 예수님이 지나가시는 것처럼 인사를 받으며 사랑과 존경을 받았다.

나이팅게일은 현대 간호학의 기초를 이루었고, 그 후에 병원마다 간호원을 꼭 두어야 하는 간호원 의무 채용의 제도화를 이루어 내었다. 그녀가 세상을 떠나기 전, 그의 시체를 영국 웨스트민스터 사원에 묻으려는 움직임이 보이자 그녀는 자신에게 그런 자격이 없으니 자신이 죽으면 가족묘에 묻어 달라고 유언을 했다. 그녀는 희생의 삶을 통해서 많은 사람에게 유익을 주었다.

또 최근 등소평 중국 최고 지도자가 자신이 죽으면 간소한 장례식을 치를 것을 부탁하고 자기 몸을 화장해서 바다에 뿌리라고 한 것이 보도되어 중국인들은 물론 세계의 많은 사람들에게 큰 감동을 주었다.

존경받는 일은 희생 없이는 어렵다. 나이팅게일은 값진 그녀의 희생이 있었기에 현재까지 존경을 받고 있는 것이다. '많은 사람에게 유익을 주는 것이 무엇일까?' 하고 고민할 때 값진 희생이 나올 수 있다. 요즈음은 나이팅게일 같이 진정한 희생정신을 가진 사람들이 그리워지고 필요한 시대가 아닌가?

우리 예수님의 "인자의 온 것은 섬김을 받으려 함이 아니요 도리어 섬기려 하고, 자기 목숨을 많은 사람의 대속물로 주려 함이니라"(마가복음 10:45)는 말씀을 우리 모두가 깊이 새겨야 할 때이다.

〈1997. 3. 2.〉

예수 그리스도는 부활하셨다

우리가 사는 이 세상에서 가장 위대한 사건은 예수 그리스도께서 인류의 죄를 위해 죽으시고 무덤에서 사흘만에 다시 살아나신 부활의 사건이다. 이 부활의 소망이 있기에 우리는 어떠한 어려움과 고난이 오고, 실패를 당해도 결코 낙심하지 않고 인내하며 살아갈 수 있는 것이다.

그러면 예수님이 다시 사신 증거가 무엇인가? 그가 묻히신 빈 무덤이다(누가복음 24:23, 요한복음 20:1~2). 그리고 부활하신 후에 여러 사람들에게 나타내 보이셨다. 먼저 막달라 마리아에게 나타나 위로해 주셨다(요한복음 20:16). 제자들에게 나타나 상심한 그들에게 기쁨을 회복시켜 주셨다(요한복음 20:19, 20). 그리고 베드로에게 나타나셨다(누가복음 24:34). 낙심하여 엠마오로 내려가는 두 제자에게 나타나시어 다정하게 말씀을 가르쳐 주셨다(누가복음 24:13~32). 다락방에 있는 제자들에게(도마가 없을 때) 나타나셔서 평화를 주셨다(요한복음 20:19~24).

그 후 도마가 있을 때 그의 제자들에게 다시 나타나셔서 의심하는 도마에게 손의 못 자국과 옆구리의 창 자국을 만져보고 확인케 했다(요한복음 20:26~29). 그리고 다시 예전처럼 고기 잡으러 간 일곱 제자들을 위해 디베랴 새벽 바다에 나타나셔서 그들에게 사랑을 베푸시고, 그들의 사명을 회복시켜 주셨다(요한복음 21:2~23). 그리고 승천 시 5백 여명의 제자들이 보는 가운데 나타나시어 부활과 생명의 주님이심을 보여주셨다(고린도전서 15:6). 야고보에게 나타나 확신을 주셨고(고린도전서 15:7), 열 한 제자에게 나타나셨고(마태복음 28:18~20), 핍박자 바울에게 나타나시어 그를 변화시켰으며(사도행전 9:3~6), 복음을 전하다가 돌에 맞아 순교를 당하는 스데반을 천국의 문을 여시고 환영하시며 나타나셨다(사도행전 7:55). 성전에서 기도하고 있던 바울에게 보호자와 위로자로 나타나셨다(사도행전 22:17~21). 그리고 밧모섬에서 유배중인 사도 요한에게 교회의 머리로 나타나셔서 장차 이 세상에 되어질 마지막 계시를 보여 주셨고, 천국의 놀라운 광경을 보여 주셨다(요한계시록 1:10~19).

예수 그리스도는 부활하셨다. 지금도 살아 계셔서 인류 역사를 주관하신다. 악인을 심판하시며 의인에게 은혜를 베푸신다. 이 세상이 곧 망할 것 같고, 모든 것이 다 썩고 부패하여 전혀 소망이 없어 보이는 경우에도 우리가 포기하지 않고 인내하며 주를 바라보고 그의 도움을 구하는 것은 그 분이 부활하시어 살아 계시며 지금도 이 세상과 우주를 통치하시는 하나님이시기 때문이다. 오직 우리가 의지하고 바랄 분은 부활하신 주 예수 그리스도 뿐이시다.

"어찌하여 산 자를 죽은 자 가운데서 찾느냐 여기 계시지 않고 살아 나셨느니라."(누가복음 25:5~6)

⟨1997. 3. 30.⟩

우리는 미래를 준비하고 있는가

　새로운 시대인 21세기(世紀), 뉴 밀레니엄(새 천년)이 3년 앞으로 다가왔다. 지난 6일은 2000년을 1천 일 앞두고, 세계 여러 곳에서 D-1000일을 기념하는 다채로운 행사를 가졌다. 영국은 그리니치 천문대에 밀레니엄 시계를 가동시키는 한편 우리 돈으로 총 1조 1천 7백 50억 원을 투입할 '밀레니엄 프로젝트'를 확정했다. 에펠탑에 초대형 전광판을 점등시킨 프랑스도 요트 세계 일주, 세계에서 가장 큰 30톤 짜리 종 제조, 2천 명이 출연하는 초대형 음악회 등 다채로운 축하 행사를 계획하고 있다. 미국은 초호화 여객선 퀸 엘리자베스 2호로 뉴욕에서 이집트까지 기념 항해를 준비하고 있고, 이탈리아도 성 베드로 성당을 비롯하여 68개 도시에서 각종 손님맞이 행사를 계획하고 있다. 지금 전 세계는 대망의 21세기, 대망의 2000년을 축제 분위기로 맞이하기 위하여 열을 올리고 있다.
　그런데 우리는 21세를 위하여 과연 무엇을 준비하고 있는가? 최근 국민 경제 연구소가 실시한 의식 조사 결과에 따르면 응답자의 97.2%가 2000년에 대한 준비가 미흡하다고 답을 했다. 이것은 미래에 대한 꿈과 비전이 없는 것이라고 말할 수 있지 않겠는가? 지금 국가적으로는 정치, 경제, 사회, 교육 등 심각한 어려움이 계속되고 있다. 한보 부도 사태로 경제뿐만 아니라 정치가 혼란 속에 빠져들고 있으며 국민의 정서 심리가 불안하고 사회가 안정을 잃어가고 있다. 어디 그 뿐인가? 북한 문제 또한 해결해야만 하는 무거운 짐이 아닐 수가 없다.

그러면 우리 개인은 어떠한가? 21세기를 위해 어떤 준비와 대비를 하고 있는가? 오늘의 준비가 없으면 미래의 좋은 결과를 기대할 수가 없다. 정리할 것은 정리하고 버릴 것은 버려야 한다. 21세기의 한국은 부정 부패의 청산과 반성 없이는 기대할 수 없다. 우리 개인도 마찬가지이다. 21세기를 위해서 오늘 우리의 모습을 정확히 분석하고 준비해야 한다. 21세기가 되면 통일의 역사가 창조되어야 하지 않겠는가? 우리 개인, 우리 가정, 우리 교회도 새로운 모습으로 나타나야만 할 것이 아닌가? 꿈을 가지고, 비전을 가지고 오늘을 확실하게 준비 할 때, 21세기는 아름답게 다가올 것이다.

"자기의 육체를 위하여 심는 자는 육체로부터 썩어진 것을 거두고 성령을 위하여 심는 자는 성령으로부터 영생을 거두리라. 우리가 선을 행하되 낙심하지 말지니 피곤하지 아니하면 때가 이르매 거두리라."
(갈라디아서 6:8~9)

〈1997. 4. 27.〉

어머니의 사랑은 삶의
폭풍에서의 항구

　어버이 주일을 맞이하면서 우리는 부모님의 은혜와 사랑에 깊이 감사를 드려야 한다. 부모님께서 베풀어주신 그 큰사랑을 우리가 어떻게 보답할 수 있을까? 헬렌 스타이나 라이스의 '어머니의 사랑은 삶의 폭풍에서 항구'라는 감동적인 시를 같이 읽어보면서 마음에 새겨 보았으면 한다.

　　어머니의 사랑은 섬과도 같아라
　　광막한 삶의 대양에서
　　끊임없이 철썩이는 물결

　　저 멀리 평화와 고요의 피난처…
　　어머니의 사랑은 성채와 같아라
　　시련의 파도가 낙망 속에 우릴 침몰코자 하면
　　거기 견고히 은신하노라…

　　어머니의 사랑은 지성소여라
　　덧없고 헛된 삶의 추구

그 몸부림과 아쉬움 떠나
영혼은 감미로운 안식을 찾을 수 있노라
어머니의 사랑은 탑과도 같아라
뭇사람 저 아래 두고 우뚝 솟아
그 미소 햇빛과도 같이
먹구름 헤치고 빛나노라…

어머니 사랑은 등대불 같아라
믿음과 기도로 불타오르고
삶의 정경은 매양 변할지라도
우린 거기서 항구를 찾노라…

어머니 사랑은 하나님의 사랑
그 형상 입었으니
위에 계신 하나님의 사랑과도 같이
끝이 없고 견고하여라…

어머니께서 당신의 크신 지혜로
당신께서 어디에나 계실 수 없음을 아시어
당신의 어린 자녀들을
사랑 깊은 어머니의 품에 맡기셨어라.

성경은 말씀한다. "부모를 즐겁게 하며 너 낳은 어미를 기쁘게 하라."(잠언 23:25)

〈1997. 5. 11.〉

사랑을 받기보다는
주는 사람이 되라

어느 마을에 한 아들이 태어났다. 그 날 이상한 노인이 나타나서 산모에게 "이 아이를 위해 한 가지 소원을 들어 주겠으니 말해 보시오"라고 말했다. 아기의 어머니는 "이 아기가 누구에게든지 사랑 받는 아이가 되게 해 주십시오"라고 소원을 말했다. 과연 그 아이는 자라면서 모든 사람에게 많은 사랑을 받았다. 그러나 사랑만 받다보니 교만해져 버렸다. 어른이 되어서도 사랑을 받으려고만 하고 줄 줄을 몰랐기 때문에 비참하고 황폐한 삶을 살게 되었다. 어느 날 노인이 이 사람에게 나타나 또다시 소원을 물었다 그때 이 사람은 이렇게 대답했다. "사랑 받기보다는 사랑을 줄 줄 아는 사람이 되게 해주십시오."

이 이야기는 헤르만 헷세의 단편 중에 나오는 이야기이다. 요사이 줄 줄 모르고 받기만 하는 아이들이 얼마나 많은지? 나라 전체를 혼란 속으로 빠뜨리고 있는 비리사건들이 모두가 다 이기주의와 욕심 때문에 일어나는 것이 아닌가? 정치인, 경제인은 말할 필요도 없고 어느 누구라도 받기만 하고 줄 줄 모르면 그 사회는 부패하고 썩어갈 수밖에 없다.

어린이 날, 어버이 날, 스승의 날이 들어 있는 5월, 우리는 사랑 받기보다는 사랑을 주는 것을 가르치고 생활화해야 할 것이다. 우리 예수님은 우리에게 자신의 모든 것을 다 주셨다. 자신의 생명까지도 주셨다. 이 십자가의 정신이 우리 민족과 교회, 그리고 우리 가정을 평화와 사랑으로 넘치게 할 것이다.

성경은 말씀한다. "주는 것이 받는 것보다 복이 있다."(사도행전 20:35)

〈1997. 5. 18.〉

아름다움의 비결

비록 나이는 많지만, 아주 고상하고 사랑이 넘치는 한 부인이 있었다. 그 부인에게 "당신의 얼굴은 정말 아름답습니다. 얼굴뿐만 아니라 당신의 모든 것이 놀라울 정도로 밝고 매력적인데 도대체 그 비결이 무엇입니까?"라고 묻자 그 부인은 다음과 같이 간단하게 대답하였다.

"진실! 이것을 나의 입술로 사용합니다. 친절! 이것을 나의 목소리로 사용합니다. 봉사! 이것을 나의 손으로 사용합니다. 정직! 이것을 나의 얼굴로 사용합니다. 사랑! 이것을 나의 가슴으로 사용합니다. 기도! 이것은 나를 좋아하지 않는 모든 사람들을 위하여 사용합니다."

이 부인이 소개한 화장법이야말로 사람을 가장 아름답게 하는 비결이 아니겠는가? 참 아름다움이란 얼굴이나 외모 등 바깥으로 나타나는 것이 아니다. 물론 깨끗하고 단정하며 우아한 외적 아름다움도 중요하다. 그러나 더 중요한 것은 내적인 아름다움이 아니겠는가? 성경이 말씀한 아름다움은 도덕적으로 또는 윤리적으로 깨끗해지는 정신적인 화장에만 머물지 않는다. 영적으로 새로워지고 계속 성장하는 것을 말한다.

"너희 단장은 머리를 꾸미고 금을 차고 아름다운 옷을 입는 외모로 하지 말고, 오직 마음에 숨은 사람을 온유하고 안정(安靜)한 심령의 썩지 아니할 것으로 하라. 이는 하나님의 앞에 값진 것이니라."(베드로전서 3:3~4)

〈1997. 6. 8.〉

화성에 안착한 무인 탐사선
'패스 파인더'

　미국의 무인 화성 탐사선 '패스 파인더'(Path finder)가 지난 5일 새벽 화성에 도착했다. 미 항공 우주국(NASA)이 화성을 향하여 발사한 이 우주로봇은 인류의 27번째 도전이다. 지난 1976년 미국의 쌍둥이 탐사선 '바이킹' 이후 21년 만에 화성안착에 성공한 이 패스 파인더는 개척자, 또는 선도자라는 뜻을 가지고 있다. 이 화성 탐사선의 기본 임무는 화성의 생명체를 찾는 것이다.

　화성 대기권 진입 직전에 자신을 운반해온 로켓에서 분리된 패스 파인더는 낙하산을 서서히 폈고, 지표가 가까워지면서 착륙 속도를 줄이기 위한 역 추진 장치가 작동되었다. 직경 1m 가량의 풍선 24개로 된 에어백은 패스 파인더의 일부를 감싼 채 지상에 도달하여, 공처럼 수십 차례 튀어 오르다가 정착하였다.

　이 화성 탐사선 패스 파인더는 2억 6천 7백 50만 달러(약 2천 4백억 원)짜리이다. 지난 해 12월 4일 지구를 출발한지 만 7개월 간 1억 9천 1백만 Km를 비행한 이 우주선은 최소한 한 달 동안 착륙 장소의 사진과 화성의 대기 및 광물질 성분 등을 조사하여 자료들을 지구로 전송하게 된다. 패스 파인더가 전송하는 사진은 오는 9월 발사될 또 다른 화성 탐사선 '글로벌 서베이어글'의 전송 사진과 합성되어 화성의 생명체 존재 여부에 대해 확인해 줄 것이라 한다. 그러나 패스 파인더에서 보내온 사진을 통해서 확인해 본 결과로는 화성에 생물체가 없다고 한다. 이번 미 무인 탐사선의 화성 안착은 화성에도 생명이 있다고 주장하는 사람들과 외계인의 존재에 끊임없이 소리치는 사람들에게 큰 타격을 주었음에 틀림이 없다. 사실 외계인이 있다고 주장하는 것은 아직도 정확한 근거가 제시된 적은 없다.

지구 외에 또 인간이 산다면 이것은 신학적으로 심각한 문제가 아닐 수 없다. 지구 외에 혹성이나 우주의 별에 인간이 살고 있다면 인간을 위해 흘리신 예수 그리스도의 십자가의 구속의 피는 어떻게 되는가? 예수님의 십자가의 사건은 이 지구상에서만 이루어진 유일한 일이 아닌가?

우리는 생명의 주인이신 예수 그리스도를 통해서 구원받는 유일한 존재임을 무한히 감사해야 한다. 동시에 무한한 우주 속의 조그만 별 화성에 도달한 지구의 로봇에 대해 열광할 것이 아니라, 광대한 우주의 창조자인 여호와 하나님에 대하여 경배와 찬양을 돌려야 할 것이다.

성경은 말씀한다. "하늘이 하나님의 영광을 선포하고 궁창이 그 손으로 하신 일을 나타내는도다. 날은 날에게 말하고 밤은 밤에게 지식을 전하니 언어가 없고 들리는 소리도 없으나."(시편 19:1~3)

〈1997. 7. 13.〉

사랑은 죽음처럼 강하고

　1945년 일본 히로시마 상공에서 폭발한 원자탄으로 도시는 글자 그대로 아비규환의 소용돌이를 겪었다. 수용소로 옮겨진 부상자들은 계속해서 물을 찾았다. 그런 와중에 "아기가 나온다"는 소리가 들려왔다. 병원도 아니고 조산원도 없는 피폭환자들의 수용소에서 태어나게 될 아이는 말할 것도 없고 산모도 어쩔 수 없이 죽게 될 수밖에 없는 처절한 형편이었다. 이 때 한 구석에서 "나는 조산원입니다. 그 산모 곁으로 나를 옮겨 주십시오"라고 호소하는 부상자가 있었다. "그런 몸으로 어떻게 합니까?" "아닙니다, 나는 조산원입니다. 제발 옮겨 주세요." 사람들이 그를 산모 곁으로 옮겨 주었다. 피투성이의 모습으로 산모에게 온 그 조산원은 있는 힘을 다해 아이를 순산하도록 도와 주었다. "으앙"하는 소리와 함께 누군가가 "남자아이다"라고 소리쳤다. 그러나 그 조산원은 힘이 없이 쓰러져 죽고 말았다. 산모도 그 뒤를 따라 숨을 거두었다.
　하지만 아기는 아무 탈 없이 잘 자랐다. 그 아이는 예수님을 믿고 일본 그리스도 교회의 한 복지 시설에서 봉사하고 있다. 그는 "나는 양친의 얼굴을 본 일도 없고 이름도 모르지만 내가 지금 여기 있다고 하는 사실은 이전에 나의 양친이 살아 계셨다는 증거입니다. 그와 같이 나는 하나님의 얼굴을 본 일이 없지만 질서정연하고 일사 불란한 대우주를 볼 때 그것을 지으신 하나님의 사랑을 부정할 수가 없습니다"라고 말한다.

어느 때보다 사랑의 힘이 필요한 때이다. 오늘날 사랑을 위해, 아니 사랑을 남에게 베풀기 위해 희생하려는 사람들이 너무도 귀한 시대이다.

지난 해 잔인한 범행으로 사람을 생매장하여 온 국민에게 큰 충격을 준 막가파가 법정에서 잘못을 시인하기는커녕 오히려 판사를 욕하고 협박하는 소란을 피워 법 앞에서도 막가는 모습을 보여 주었다. 또한 세계적인 패션 디자이너 지아니 베르사체를 죽인 살인 사건으로 미국 전역을 떠들썩하게 했던 연쇄 살인범 앤드루 쿠나난(27세)이 연방수사국(FBI)의 총력 수사와 경찰의 압력 포위에 대항하다 자살하여 시체로 발견되었다. 너무도 불쌍하고 허무한 인생이 아닌가?

한편에서는 자신의 생명까지 희생하며 사람을 살리는 사랑의 천사가, 또 다른 편에서는 자신은 말할 것도 없고 남의 생명까지 무자비하게 희생시키는 악마의 화신들이 공존하는 세상이다. 그러나 여전히 하나님은 인생을 사랑하고 용서하시며 기다리신다.

성경은 말씀한다. "사랑은 죽음처럼 강하다"(아가 8:6). 십자가에서 자신의 생명까지 주신 하나님의 사랑만이 이 세상을 구할 수 있다.

〈1997. 7. 27.〉

가장 좋아하는 찬송

얼마 전 극동 방송에서 수도권 지역 목회자 1백 여명을 대상으로 설문 조사를 했는데 그 결과 한국 목회자들이 가장 좋아하는 애창 찬송은 405장 '나 같은 죄인 살리신'인 것으로 나타났다. 많은 목회자들이 죄의 종노릇할 수밖에 없었던 죄인을 변화시키시고 사용하시는 하나님의 은혜에 감사할 뿐이라고 하면서 405장 찬송을 선정한 이유를 밝혔다. 2위는 434장 '나의 갈 길 다가도록', 3위는 492장 '나의 영원하신 기업', 4위는 410장 '아 하나님의 은혜로', 5위는 495장 '내 영혼이 은총 입어'로 각각 나타났는데 1, 2, 3위 세 곡의 처음 시작이 '나 같은 죄인…', '나의 갈길…', '나의 영원하신…' 등 '나'로 시작되고 있다. 이것은 절대자 하나님 앞에 선 미약하고 죄 많은 존재로써 죄의 용서를 받았고, 구원받은 은혜를 누리며 이 지상의 사역을 다 마칠 때까지 함께 하시고 보호해 주시며 영원한 기업이 되시기를 소망하는 것이다. 아울러 어둔 골짜기와 험한 바다 건너서 천국 문에 이르기까지 동행해 주심을 바라고 간구하는 겸손한 내면 세계를 보여주는 것으로 분석된다.

오늘날 많은 사람들이 싫든 좋든 음악을 매일 같이 접하고 있다. 종류도 다양하고 취향도 다양하고, 스타일도 다양한 노래들이 계속해서 보급되고 있다. 그 중 정신을 산만하게 하고 사람의 영혼을 혼란시키며, 흥분시키고, 범죄의 행동까지 유발하는 악한 노래도 있다.

　노래는 사상이 담겨 있어야 하고, 그 가사에는 메시지가 분명히 나타나야 한다. 그런 의미에서 죄악 가운데 구원받아 하나님의 백성들이 된 성도들은 자연스럽게 찬송가가 마음 속에 자리 잡게 되고 의식적이든 무의식적이든 그것을 부를 수밖에 없다. 아직도 찬송 부르는 것보다 세속적인 노래를 더 가까이한다면 하나님의 은혜와 사랑을 진심으로 체험했다고 말할 수 없으며, 신앙 생활의 깊이가 아주 얕은 것으로 평가할 수밖에 없을 것이다.

　나의 애창하는 찬송은 무엇인가? 우리 가정에서 가장 즐겨 부르는 가족 찬송은 무엇인가? 우리 교회에서 가장 많이 애창되고 사랑 받는 찬송은 무엇인가? 이러한 질문에 관심을 가져 볼 필요가 있다. 내가 잘 부르는 찬송가, 우리 가족의 찬송가, 교회의 애창곡은 개인과 가정과 교회의 신앙과 소원과 비전을 내포하고 있을 것이다. 가장 좋아하는 찬송을 억지로 만드는 것보다는 신앙 생활의 진행과 경험, 그리고 은혜 생활과 교회의 봉사 생활 가운데 하나님 아버지와의 관계 속에서 자연스럽게 나오는 것이 바람직하고 진실된 것이다. 우리 모두 '내가 가장 좋아하는 찬송'을 가지고 애창하는 신앙 생활을 통해서 우리의 삶이 더 은혜롭고 풍성해 지길 기대해 본다.

　예수님과 제자들이 최후의 만찬을 마치고 겟세마네 동산을 향할 때의 장면을 성경은 이렇게 말한다. "이에 저희가 찬미하고 감람산으로 나아가니라."(마태복음 26:30)

〈1997. 8. 31.〉

역사의 왜곡을 깬
한 일본인의 양심

　지난 8월 29일에 끝난 '이에나가 교과서 소송'에서 32년 동안 싸웠던 이에나가 사부로(83세) 도쿄 교육대 명예교수는 마침내 법정에서 승리를 거두었다. 지난 1965년부터 시작된 이 재판에서 그는 1965년과 1967년, 1984년 등 모두 3차례에 걸쳐 교과서 소송을 제기했다. 이 재판은 문부성에서 자신이 집필한 교과서인 '고교 일본사'의 일부 내용을 검정하는 과정에서 변경, 삭제했다는 이유 때문에 시작되었다. 그는 "교과서 검정은 헌법이 금지한 검열에 해당한다"고 주장하였다.
　1차 교과서 소송에서 그는 패배를 당했다. 그러나 다시 의의를 제기하여 제 2차 교과서 소송에서 1심의 교과서 검정이 위헌이라는 획기적인 판결을 끌어내었으나 최종심에서 '소송에 의한 이익이 없다'는 사법부의 입장 아래 위헌 여부의 판단 없이 흐지부지 끝났다. 그러나 여기서 물러서지 않고 계속 투쟁한 결과 제 3차 소송의 최종심에서 승리를 낚아 낸 것이다.
　이번 재판을 지켜본 일본 지식인들은 "한 원로역사가가 진실을 지키기 위해 일생을 걸고 싸워 얻어낸 위대한 승리"라고 말했다. 이에나가 씨의 교과서에서 과거의 일제가 저지른 '침략 전쟁'을 문부성에서 '진출'로 기술할 것을 요구하여 한국, 중국 등 당사국의 거센 반발을 몰고 왔으며, 또 '731부대', '한반도에서의 반일 항쟁', '일본의 잔학 행위' 등의 기술에 대해 문부성에서 수정 지시를 내리자 이에나가씨는 여기에 대항하여 소송을 제기한 것이다. 구체적으로 이에나가씨는 자기의 교과서에 한반도 반일 항쟁 관련 기술에서 '1894년 드디어 청일 전쟁이 시작되었다. 전장이 된 조선에서는 인민의 반일 항쟁이 일어났다'고 집필했는데 문부성에서는 '조선 인민의 반일 항쟁이 무엇을 의미하는지 모르겠다'고 수정을 요구했었다.

이에나가씨의 교과서 무단 변경, 삭제 위법승소는 전쟁 책임과 전후 교육 문제 등을 둘러싼 일본 사회의 반역사적 인식에 경종을 울리고 있으며, 일본 내 교육 운동에 적잖은 영향을 미칠 것으로 평가되고 있다. 한 양심적인 교수의 진실에 대한 집념과 용기에 우리는 찬사를 보낸다. 진리를 진리라 외치지 못하고 자신의 양심을 속이며 살아가는 사람이 얼마나 많은가? 우리는 진실이 반드시 밝혀진다는 사실을 기억해야 한다. 아무리 시대가 어두워도 진리를 외치는 용감한 사람들이 나올 수밖에 없고 당연히 나와야 한다.

성경은 말씀한다. "감추인 것이 드러나지 않을 것이 없고 숨은 것이 알려지지 않을 것이 없나니. 이러므로 너희가 어두운 데서 말한 모든 것이 광명한 데서 들리고 너희가 골방에서 귀에 대고 말한 것이 집 위에서 전파되리라."(누가복음 12:2~3)

〈1997. 9. 21.〉

당신은 걸작품이다

위대한 조각가인 미켈란젤로는 자신의 일생 동안 44개의 조각품들을 완성시키려 했으나 그 중 14점만을 완성시켰다. 그가 마치지 못한 30개의 작품은 큰 대리석 덩어리에 어떤 것은 팔의 모습만, 어떤 것은 허리의 모습만 조각되어 있고, 나머지 부분은 대리석 속에 묻힌 채 손을 대지 못한 상태로 있다.

어느 날 길가에 어느 누구도 관심을 가지지 않은 채 방치되어 있는 커다란 바위를 보자 미켈란젤로는 그 돌을 가져왔다. 아무런 가치도 없어 보이는 평범한 돌이었지만 미켈란젤로는 서서히 돌을 깎기 시작하였다. 시간이 지나자 보잘 것 없어 보이던 그 돌이 위대한 조각품 '다윗상'으로 나타나게 되었다. 문제는 어떤 조각가의 손에 들려 지는가, 어떤 조각가의 손에서 다듬어 지는가 하는데 있는 것이다. 미켈란젤로라는 위대한 작가의 손에 들려졌으므로 이름 없는 돌이 유명한 명품으로 탄생되었다.

우리들도 훌륭한 걸작품이 될 수 있다. 하나님은 나일강에 버려진 어린 아기 모세를 손에 붙잡으시어 위대한 이스라엘의 지도자를 만드셨고, 베들레헴의 목동을 위대한 성군으로 만드셨으며, 갈릴리 어부 베드로와 그의 동료들을 위대한 복음 전도자로 만드셨다. 가난한 통나무

집의 소년 링컨을 노예 해방을 선포한 미국의 대통령으로 만드셨다. 예수님의 손에 들려진 보리떡 다섯 개와 물고기 두 마리가 장정 5천 명과 여인들과 어린이들까지 모두 배불리 먹이는 역사에 쓰여졌다. 문제는 누구의 손에 들려 지는가에 따라서 걸작품이 되고 명작이 될 수 있는 것이다. 하나님은 우리를 걸작품으로 만드시는 분이시다. 그러므로 하나님의 손에 붙들림을 받아야 한다. 하나님은 우리를 기다리신다. 그러므로 당신은 걸작품이 될 수 있다.

"그런즉 누구든지 그리스도 안에 있으면 새로운 피조물이라. 이전 것은 지나갔으니 보라 새것이 되었도다."(고린도후서 5:17)

〈1997. 10. 12.〉

세계 제일의 골초 국민

한국 국민 한 사람이 피우는 담배량이 세계 제일이라는 불명예스러운 통계가 있다. 한국인 한 사람이 피우는 담배는 연간 4,153개비로 세계 최고의 골초 국민이 되었다는 소식을 미국의 한 신문이 유럽의 통계 조사 기구인 「유러 모니터」를 인용해 보도했다. 이 뿐만 아니다. 몸에 해롭다는 소비성 물품을 사 모으는데도 과히 세계적인 명예(?)를 얻고 있다. 위스키와 포도주 등 비싼 양주의 극성스런 수입은 물론 소비와 과음 역시 세계 제일이라는 부끄러운 명성을 얻고 있다.

한국의 흡연 비율은 흡연자의 천국이라는 유럽 국가들을 앞지르며, 미국의 두 배가 된다고 한다. 물론 담배나 술의 과도한 수입이 국가 경제에 영향을 주어 무역적자 현상을 일으키는 것은 말할 필요도 없다. 그러나 그보다 더 심각한 것은 국민의 건강에 심각한 해악이 된다는 것이다.

담배는 폐암의 직접적인 원인이 되고, 임산부가 피울 경우 태아에게 치명적인 해악을 끼치게 된다. 뿐만 아니라 흡연자는 말할 필요도 없고 함께 생활하는 다른 사람들에게까지 건강상 위해를 가할 수 있다는 것이 상식이다. 그런데 이렇게 무익한 담배를 피우면서도 너무도 태연하고 무감각하다는 것에 심각성이 있다. 영화는 말할 필요도 없고 TV 드라마에서도 젊은 여성, 대학생, 심지어 청소년이 담배 피우는 것과 술 마시는 것을 예사로 방영하고 또 그것을 당연하게 받아들이는 풍조를 개탄하지 않을 수 없다. 이런 현상은 절제력이 부족한 인격적인 문제에서 남이야 어떻게 되든 자신만 즐기면 된다는 윤리적인 문제에까지 확산되고 있다. 이 문제를 어떻게 해결할 수 있을까?

오직 하나님의 말씀을 믿는 사람들과 교회가 이 금연운동에 앞장서야 할 것이다. 미국의 청교도 선교사들이 한국에 들어와서 한국민의 심각한 흡연 태도를 보고 교회는 금연이라는 아름다운 전통을 세운 것을 기억하며 그것을 다시 회복해야 할 것이다.

성경은 말씀한다. "너희가 하나님의 성전인 것과 하나님의 성령이 너희 안에 거하시는 것을 알지 못하느뇨. 누구든지 하나님의 성전을 더럽히면 하나님이 그 사람을 멸하시리라. 하나님의 성전은 거룩하니 너희도 그러하니라."(고린도전서 3:16~17)

〈1997. 11. 2.〉

심령이 변화되어야

　교수 간첩, 부부 간첩의 발표로 온 나라가 충격, 경악, 분노로 싸여 버렸다. 무려 36년 간 고정 간첩활동을 해온 혐의로 안기부에 검거된 69세의 서울대 명예교수는 '사회학 개론' 등 22권의 저서와 1백 여 편의 논문을 발표한 국내 사회학계의 원로로 알려졌고, 정부와 관련단체 주변에서 활약하여 국민훈장 목련장(1993년)까지 받은 인물이어서 더 큰 충격을 주고 있다.
　또한 북한에서 남파되어 학계와 재야인사를 접촉해 온 부부 간첩은 나라 안을 자기 집처럼 돌아다녔으며, 울산 모 호텔에서 재야인사를 만나던 중 검거되자 부인은 다음 날 몸 속에 숨겨둔 독약 앰플린을 깨물고 자살을 기도하여 병원에 옮겼지만 결국 숨지고 말았다.
　특히 교수 간첩으로 체포된 이는 서울대 교수였던 자기 삼촌이 6·25가 발발하자 아내와 함께 자진 월북하여 김일성 대학 교수로 재직한 인물인데 남파 공작원이 "삼촌이 보내서 왔다"는 말에 삼촌을 만나게 되어 미화 1천 달러의 돈을 받게 된데서 무서운 올무 속으로 빠져들고 말았다. 그는 철저히 자신을 위장하여 숨겨왔다. 심지어 1980년대에 진보적 성향의 학생들에 의해 '어용 교수'라는 평가까지 받았던 그가 바로 고정 간첩이었다는 사실에 주위의 많은 사람들을 더 놀라게 했다.

결국 지식이 많고 적음의 문제가 아니라 사상의 문제요, 심령의 문제이다. 심령이 변화되지 않는다면 그 사람을 어떻게 믿을 수 있겠는가? 남한에 약 1만 명의 좌익 핵심자들이 있고, 동조세력이 약3만 명이 된다고 하니 이것은 보통 심각한 문제가 아니다. 이것은 우리 주위의 시장, 버스, 지하철, 학교, 회사, 단체 안에 공산주의자들이 같이 섞여 있다는 말이 아닌가? 그들은 북한이 지금 어떤 상황에까지 와 있다는 것을 잘 알고 있는 사람들이다. 전 세계가 북한의 심각한 인권탄압, 식량난 등을 이구동성으로 소리치고 야단인데도 버젓이 북한을 지원하고, 남한 정부의 시책에 사사건건시비를 걸면서 북한의 적화야욕에 동조한다는 것을 이해할 수 없는 일이다. 이 역시 심령의 문제이다. 중요한 것은 심령의 변화요, 열매보다 나무, 즉 본질적인 변화이다.

성경은 말씀한다. "거짓 선지자들을 삼가라. 양의 옷을 입고 너희에게 나아오나 속에는 노략질하는 이리라. 그의 열매로 그들을 알지니 가시나무에서 포도를, 또는 엉겅퀴에서 무화과를 따겠느냐. 이와 같이 좋은 나무마다 아름다운 열매를 맺고 못된 나무가 나쁜 열매를 맺나니 좋은 나무가 나쁜 열매를 맺을 수 없고 못된 나무가 아름다운 열매를 맺을 수 없느니라. 아름다운 열매를 맺지 아니하는 나무마다 찍혀 불에 던지우느니라."(마태복음 7:15~19)

⟨1997. 11. 23.⟩

5D를 극복하면 위기를 극복한다

　나라가 온통 위기에 둘러 쌓여 있는 듯 하다. IMF에 구제금융 지원이 현실화되자 '제 2의 국치일', '경제적인 신탁통치' 또는 '경제 주권의 박탈' 등의 자극적인 표현들을 사용하고 있다. 그러나 지나치게 자기 비하에 빠지거나 지나치게 위기감을 조성하는 것은 현명하지도 않을 뿐 아니라 문제 해결에도 도움이 되지 못한다. 먼저 왜 이런 상황까지 왔는가를 분명히 파악하고, 이 위기를 이겨내기 위한 고통을 감내하여야 한다. 무엇보다 우리는 이 위기를 극복하고 이겨 낼 수 있다는 용기를 가지는 것이 더욱 중요하다. 최근 한 신학자에 의해 발간된 책자에 '5가지 죽음의 전략을 알면 경제 회생이 가능하다' 는 내용이 있다. 교회와 역사와 사회, 그리고 경제의 부흥을 가로막는 것에는 다섯 가지 요소 즉 5D의 요소가 있다는 것이다.
　그것은 의심(Doubt)과 관심 흐림(Distracition), 그리고 실망(Disappointment), 좌절(Discouragement), 중상과 비방(Defamation)의 5가지이다. 이 5D는 교회뿐만 아니라 사회 발전과 경제 부흥과도 밀접한 관계를 맺고 있다는 것이 크리스천 경제학자들의 견해이다. 이 5D는 흑암의 세력이 주도하는 파괴 혹은 죽음의 전략으로 영적 에너지를 분산시켜 국민의 집단 심리를 혼란에 빠지게 하는 결과를 초래한다고 한다. 그러므로 5D를 경쟁력 강화, 생산성 향상, 노사 합의 등 경제 발전을 근원적으로 짓밟는 '죽음의 요소'라고 주장한다. 이제 우리가 해야 할 일은 모든 국민들이 국가 경제의 위기를 타개하기 위해 영적인 힘을 하나로 모아 사회에 만연된 5D(의심, 관심흐림, 실망, 좌절, 중상과 비방)를 물리치는 것이다.

이 일에 누가 앞장 설 것인가? 아직도 정신을 차리지 못하고 근신하지 못한 채 허리띠를 졸라매는 것은 자신이 아니라 남이 해야 하는 것으로 알고 있는 무감각하고 불감증에 걸린 사람들이 적지 않다. 이러한 현실을 직시할 때 5D를 극복하며 살리는 것은 위기 때마다 나라를 위하여, 교회를 위하여 기도하고 고통을 감내하면서 버티어 낸 하나님의 백성들의 몫이라고 말할 수밖에 없다. 왜냐하면 하나님의 자녀들은 온 세상의 소망이요, 향기이며, 어둠을 밝히는 등불이며, 과거의 잘못을 뒤로 하고 오직 앞을 향하여 새로운 도전을 향하여 달려가는 사람들이기 때문이다.

성경은 말씀한다. "너희는 세상의 빛이라. 산 위에 있는 동네가 숨기우지 못할 것이요. 이같이 너희 빛을 사람 앞에 비춰게 하여 저희로 너희 착한 행실을 보고 하늘에 계신 너희 아버지께 영광을 돌리게 하라." (마태복음 5:14,16)

〈1997. 12. 7.〉

아직도 남은 것이 있다

영국의 어느 골목길에서 한 소년이 놀고 있었다. 어디에선가 갑자기 돌이 하나 날아와 "딱"하고 그 소년의 눈을 때렸다. 친구가 돌을 던졌는데 그것이 한쪽 눈을 명중시켜 버린 것이다. 그 소년은 피가 흐르는 눈을 손으로 잡고 쓰러졌다. 소식을 들은 그 소년의 부모는 놀라서 달려왔고 급히 그 소년을 데리고 병원으로 달려갔다. 진찰을 하던 의사선생님은 "크게 다쳤군요, 나머지 한쪽도 못 쓰게 되어 앞으로 볼 수 없게 될 것입니다."라고 고개를 내저으면서 말했다. 부모의 심정은 이루 말할 수 없을 정도의 비통함 그 자체였다. 그 때, 소년은 그의 부모에게 이렇게 말했다. "엄마, 아빠! 눈은 잃었지만 머리는 남아 있어요."

소년은 평생을 시각 장애자로 살았다. 그러나 그의 말대로 머리가 남아 있었고, 그 머리를 활용하여 큰 인물이 되었다. 바로 이 소년이 앞을 보지 못했지만 영국의 위대한 경제학자요, 캠브리지대 교수요, 국무위원을 지낸 헨리 포세트였다.

우리가 세상을 살아갈 때 예기치 않는 어려움과 아픔, 그리고 고통을 당하는 경우가 종종 있다. 그러나 절망하지 않고 긍정적으로 그 어려움을 극복한 사람들은 성공적인 삶을 살았다. 문제는 그 고통을 어떻게 맞이하며 극복하는가 하는 자세이다. 하나가 없다고 해서 모든 삶

자체가 다 허물어지고 실패한 것이 아니다. 오히려 잃어버린 하나 때문에 모든 것을 잃어버렸다고 낙심하여 주저앉아 버리거나 포기해 버리는 사람은 그의 남아 있는 많은 것들까지, 아니 그의 전생까지 포기해 실패자가 되어 버린다.

우리는 많은 것을 잃고도 끝까지 포기하지 않았던 위대한 삶을 산 사도 바울의 신앙을 마음에 새겨 보아야 한다. "내가 비천에 처할 줄도 알고 풍부에 처할 줄도 알아 모든 일에 배부르며 배고픔과 풍부와 궁핍에도 일체의 비결을 배웠노라."(빌립보서 4:12)

⟨1997. 12. 21.⟩

제 5 부
미국 주지사가 된 입양아

67. IMF 극복
68. 가장 귀중한 보물
69. 위기를 승리의 기회로 삼는 정신
70. 빈민 굴속의 사랑의 선생님
71. 킬링필드의 폴 포트의 죽음
72. 네 부모를 공경하라
73. 인자수(仁者壽)
74. 우주의 월드컵이 열린다면
75. 세계의 부자들
76. 52년 만에 찾아낸 아버지의 예금
77. 할머니 한 분이 남긴 용돈
78. 세계에서 가장 살기 좋은 나라
79. 화장과 시신기증 운동
80. 나는 무죄한가
81. 미국 주지사가 된 입양아
82. 인권의 승리
83. 행복의 조건

IMF 극복

나라 전체를 흔들어 버린 이 엄청난 IMF의 충격을 우리는 어떤 방법으로든 극복해야만 한다. 이것이 누구의 책임인가를 찾는다면 재벌, 정부, 금융권 모두에게 있는 것이고 그것은 30여년 간 누적된 구조적 문제일 것이다. 또한 금융, 외환의 위기가 다가오는 조짐이 나타났는데도 사태의 심각성을 느끼지 못하고 안이하게 생각하며 늑장 대응을 한 재경원, 한국은행, 청와대 참모진에게 그 책임이 있다고 말할 수 있을 것이다. 그러나 이것은 한 두 사람의 문제가 아니다. 우리 모두에게 책임이 있다. 만일 우리 모두가 이 책임을 인정하지 않는다면 이 위기를 벗어나기는 어려울 것이다.

그래서 IMF(International Monetary Fund, 국제통화기금)의 위기를 잘 대처하지 않으면 정말 I am Fool(바보)이 되고, I am F(낙제점수)가 되고, I am Fired(해고당하다)가 되고, I am Failed(실패하다)가 되고, I am Finished(끝나다)가 될 수밖에 없을 것이다. 우리는 이 어려움이 단순히 외화(달러)의 부족에 의해, 혹은 누군가의 잘못에 의해서라기 보다 우리 국민들의 사고와 생활 자세가 잘못되어 있다는 데서 그 원인을 찾아야 할 것이다. 그러므로 철저한 이기주의, 사치, 허영, 과소비, 향락, 허세 등의 거품을 빼지 않고는 이것을 이길 수 없다. 아직도 숨겨 둔 외화가 있고, 사재기가 성행하며, 어떻게 하면 전 국가적인 위기를 이용해서 큰돈을 벌 것인가를 생각하는 사람들이 있는 이상 IMF 극복은 시간이 걸릴 수밖에 없을 것이다.

결국 이 위기를 이기는 힘은 가장 근본적인 곳에서 찾아야 한다. 정직하게 열심히 일하고, 근검절약하고, 이웃을 사랑하는 정신과 삶을 가져야 한다. IMF 때문에 어려움을 당하여 봉급을 동결하거나 삭감하는 등 야단이다. 어떤 면에서는 정직하고 성실한 사람들에게 억울한 부분도 없지는 않다. 그러나 그들은 다시 허리를 졸라맬 수 있는 사람들이다. 그들이야말로 애국자요, 참된 성공자의 생활을 할 수 있을 것이다. IMF의 극복을 위해서 우리 모든 국민들이 아래의 성경 말씀을 묵상하고, 마음에 새길 때 I am Fine(좋다)의 시대가 곧 오게될 것이다.

"누구든지 일하기 싫어하거든 먹지도 말게 하라 하였더니."(데살로니가후서 3:10) "내가 궁핍하므로 말하는 것이 아니라 어떠한 형편에서든지 자족하기를 배웠노니, 내가 비천에 처할 줄도 알고 풍부에 처할 줄도 알아 모든 일에 배부르며 배고픔과 풍부와 궁핍에도 일체의 비결을 배웠노라."(빌립보서 3:11~12)

〈1998. 1. 4.〉

가장 귀중한 보물

한 섬이 적군에 의해 점령되었다. 적장은 성내에 있는 사람들에게 명령을 내렸다. "모든 부녀자와 어린이는 가장 귀중한 보물 하나만 가지고 오늘 자정 안으로 이 성을 나가라." 그 대신 남편과 아빠는 적군에 의해 죽어야만 했다. 이 명령이 선포되자 성안의 모든 부녀자들과 어린이들은 자기가 가장 아끼는 보물 하나씩을 가지고 남편과 아빠를 뒤로한 채, 통곡을 하며 성밖으로 나갔다. 그런데 한 여인이 자기 남편을 업고, 성문을 빠져나가려고 하였다. 그것을 본 적장은 "담도 크구나. 너도 죽고 싶으냐?"하고 외쳤다. 그러자 그 여인은 분명한 목소리로 말했다. "장군께서 약속하시기를 가장 귀중한 보물 하나를 들고 나가라고 하지 않았습니까? 제가 업은 이것은 장군에게는 하찮은 것이오나 제게는 가장 귀중한 보물입니다. 약속을 지켜 주십시오." 그 말을 들은 장군은 그 여인과 남편을 그대로 내 보냈다고 한다.

가장 귀중한 보물이 무엇인가? 그것은 꼭 물질적인 것만이 될 수는 없다. 그 대상은 생명이요, 사랑이다.

온 국민이 나라 살리기 차원에서 금 모으기 운동에 참여하고 있으나 아직도 숨겨 놓은 금괴를 보물로 알고 내놓지 않는 사람이 많고, 또 어떤 사람은 몸에 좋다고 하여 금 부스러기를 차 속에 넣어 마신다고 한다. 가장 소중한 것은 물질이 아니다. 그것은 영원한 생명이다. 그 영원한 생명을 사랑하는 것이야말로 최대의 보물이 아니겠는가?

　예수님은 말씀하셨다. "사람이 만일 온 천하를 얻고도 제 목숨을 잃으면 무엇이 유익하리요. 사람이 무엇을 주고 제 목숨을 바꾸겠느냐." (마태복음 16:26) 가장 소중한 것은 영원한 생명이며, 물질이 아니라 사랑이다.

〈1998. 2. 1.〉

위기를 승리의 기회로 삼는 정신

미국 알라바마주는 세계적인 땅콩 생산지로 유명하다. 그 중에 소도시 엔터프라이즈라는 동네의 재판소 앞에는 이상한 돌탑이 서 있다. 이 돌비는 다른 비석과는 아주 특이한 내용을 담고 있다. 그 비석에 새겨진 글귀는 다음과 같다.

"우리는 목화를 갉아먹었던 벌레에게 깊은 감사를 표한다. 이 벌레는 우리에게 번영의 계기를 주었고, 하면 된다는 신념을 주었다. 목화 벌레들이여, 다시 한번 그대들의 노고에 감사를 바친다."

이 고장은 원래 목화가 주요 산업이었다. 그런데 1875년 난데없이 목화 벌레 떼의 극성으로 기근과 실직의 아픔을 맛보게 되었다. 그러나 그들은 이 처절한 재앙 속에서 굴복하지 않고 다시 도전하여 콩과 감자, 옥수수를 심었고, 땅콩을 심어 오늘날 세계적인 땅콩 생산지로 발돋움하게 되었다. 위기를 오히려 승리의 기회로 삼아 놀라운 기적을 일으킨 것이다.

우리들도 지금 어려운 시대를 살아가고 있다. 나라가 외채에 묶여 돈의 가치가 떨어지고, 실업자가 증가되고, 앞으로 정리해고제로 인해 더욱 더 많은 사람들이 직장을 잃어야 될 판이다. 이제 시작 단계에 든 국가적인 어려움이 언제 끝날 것이며, 다시 예전의 수준 아니 그 보다 더 나은 때가 과연 올 것인지 짐작하기가 어렵다. 이 때 우리에게 필요한 것은 무엇일까? 그것은 위기를 오히려 기회로 삼는 개척 정신일 것이다. 우리의 현 실정을 솔직히 인정하고, 정직해져야 한다. 그러나 결코 낙심은 금물이다. 물러서거나 좌절해서는 안 된다. 조용히 자신들의 모습을 돌아보고, 정리하며, 거품을 빼고 다시 준비하여 재도약을 위한 기회로 삼아야 한다. '하늘은 스스로 돕는 자를 돕는다' 는 말은 하나님께서 겸손히 자신을 돌아보면서 최선을 다하여 노력하는 자에게 은혜를 베풀어주신다는 말과 같다. 즉 심은 대로 거두게 하신다는 말씀이다.

성경은 말씀한다. "우리가 사방으로 우겨 쌈을 당하여도 싸이지 아니하며 답답한 일을 당하여도 낙심하지 아니하며 핍박을 받아도 버린바 되지 아니하며 거꾸러뜨림을 당하여도 망하지 아니하고."(고린도후서 4:8~9) 하나님은 위기를 승리로 바꾸시는 역사를 과거에도 무수히 행하셨지만 오늘도 행하시며 내일도 행하실 것이다. 그를 의지하는 자를 위해서…

〈1998. 2. 15.〉

빈민 굴속의 사랑의 선생님

미국 존스 홉킨스 대학의 한 교수가 한 그룹의 대학원생들을 빈민굴에 보냈다. 그리고 그들에게 12세에서 16세 소년, 2백 명을 대상으로 그들의 경력과 환경을 조사하여 그들이 장차 건전한 삶을 살 확률을 예측해 보도록 했다. 대학원생들은 사회적인 통계들을 조사하고, 그 소년들과도 대화를 나누었다. 할 수 있는 최대한의 많은 자료를 수집한 후 그들은 그 빈민굴 속에 살고 있는 소년들 중의 90%가 교도소 생활을 하게 될 것이라고 결론지었다.

25년이란 세월이 지난 후에 다른 학생들이 그 빈민굴을 찾아가서 그들이 예측한 것의 정확성을 알아보려고 했다. 그 당시의 소년들이 어른이 되었는데 아직 그 곳에 살고 있는 사람도 있었고, 이사간 사람도 있었고, 사망한 사람들도 있었다. 그 학생들은 2백 명중에 1백 8십 명을 만나 보았다. 그 중에 95%가 감옥에 갈 것이라는 예측은 완전히 빗나가고 단지 4명만이 교도소에 들어간 적이 있었다는 놀라운 사실을 발견해 내었다. 도대체 이 범죄의 소굴에서 자라난 아이들이 어떻게 건전하게 자랄 수 있었겠는가?

그 비결은 단순했다. "그 빈민굴에 한 선생님이 계셨다"는 것이었다. 그 곳에는 어떤 한 부인이 범죄의 온상에서 살고 있던 소년들에게 큰 영향을 끼치고 있었는데 75%의 아이들이 그 선생님에 의해 감동을 받았던 것이었다. 조사팀은 그 선생님이 살고 있는 은퇴한 교사들의 숙소로 찾아가서 물었다. 빈민굴 소년들에게 어떻게 큰 영향력을 끼칠 수 있었는지. 그 부인은 "아니오. 저는 아무 것도 한 것이 없어요. 난 그 소년들을 사랑했을 뿐…"이라고 말하였다.

  IMF 한파 이후로 우리 사회에 범죄가 증가되고 있다. 이에 대한 대책으로 진정한 사랑이 요구되고 있다. 사랑만이 범죄를 막을 수 있다.

  성경은 말씀한다. "사랑은 여기 있으니 우리가 하나님을 사랑한 것이 아니요. 오직 하나님이 우리를 사랑하사 우리 죄를 위하여 화목제로 그 아들을 보내셨음이니라. 사랑하는 자들아 하나님이 이같이 우리를 사랑하셨은즉 우리도 서로 사랑하는 것이 마땅하도다."(요한일서 4:10~11)

〈1998. 3. 8.〉

킬링필드의 폴 포트의 죽음

'200만 명의 대량 살육자', '캄보디아의 학살자', '킬링필드의 연출자' 폴 포트가 죽었다. 그는 1975년 크메르 루즈군을 이끌고 프놈펜에 입성하여 자본주의와 물질문명을 파괴하기 시작했다. 자동차, 냉장고, TV 등을 쓰레기 더미로 만들고 병원에서 양의를 몰아내며 의료 시설을 폐기하고 농촌지상주의를 외치면서 수도와 전기를 끊어 버렸다. 도시인들을 농촌으로 강제 이주시키고 맨몸으로 집단 노동에 동원시키며, 지식인들을 노동자와 농민의 잉여 가치를 착취하는 송충이로 몰아서 감옥에 가두며 처형시켰다. 예술인도 썩은 문화를 전파하는 해충으로 여기고 숙청하여 4년 동안 2백만 이상을 학살하는 만행을 저질렀다. 킬링필드란 1975~1979년의 대량 학살이 자행된 캄보디아의 참상이 1984년 미 할리우드에서 제작된 영화를 통해 알려지면서 생긴 말이다.

그는 농부의 아들로 태어났다. 살로스 사르가 그의 본명인데 1975년 집권 이후 폴 포트로 개명을 했다. 어린 시절 그는 6년 간 불교사원에서 생활하다가 중학교 때 프랑스 유학파 스승을 만나 앙코르 제국의 영화를 중심으로 민족주의 교육을 받았고, 40년대 반-프랑스 저항운동에 참여하였다. 10년 간 교편을 잡은 경력도 있었다. 1953년 공산당에 가입하여 밀림에서 무장투쟁을 벌이다 1975년 친미 론놀 정권을 무너뜨리게 되었다. 1980년대 말 지도자 직에서 은퇴한 그는 지난 16일 국경지대 정글 속 오두막에서 시신으로 서방 기자들에게 공개되었다.

그의 죽음 이후 그는 역사의 심판대에서 '광기의 학살자'로 기록되었다. 그는 캄보디아 전체 인구의 1/4에 달하는 200만 명을 국민개조의 명분 아래 노동자, 농민, 부녀자, 어린이까지 닥치는 대로 살해한 살인마로 기억될 수밖에 없을 것이다. 킬링필드의 현장인 프놈펜 외곽의 마을에는 6천여 평의 땅의 1백여 개의 구덩이에서 9천여 개의 해골이 발굴됐다. 그곳에는 죽창에 찔려 죽거나 총살 또는 쇠곤봉에 타살당한 시체들이 수십 수백씩 뒤엉킨 채 매장되어 있었다. 그는 결국 킬링필드의 원흉으로 역사의 심판을 받게 될 것이다.

우리는 한 인간이 얼마나 무서운 범죄를 저지를 수 있는 존재인가를 나치 히틀러, 스탈린, 김일성 그리고 폴 포트 등을 통해서 확인 할 수 있다. 우리는 이들의 배후에서 악한 사탄이 조종하고 있다는 사실을 잊어서는 안 된다. 앞으로 어떤 인간을 통해서 사탄의 사악한 범죄가 계속될지 우리는 알 수 없다. 그러나 공의의 하나님, 역사의 심판자이신 하나님은 이 악한 자들과 사탄을 심판하실 것이다.

성경은 말씀한다. "그런즉 너희는 하나님께 순복할지어다. 마귀를 대적하라. 그리하면 너희를 피하리라."(야고보서 4:7)

〈1998. 4. 19.〉

네 부모를 공경하라

미국 텍사스의 한 남자가 자기 아내와 네 명의 자녀를 버려둔 채 혼자 캘리포니아로 가서 30년이란 긴 세월 동안 오직 자기만을 위해 살았다. 아내와 자녀들에게는 전혀 도움을 주지도 않았고 무관심했다. 그러다가 그 남자는 돈 한 푼도 남기지 않고 죽었다. 그가 죽으면서 유서를 남겼는데, 그 내용은 자기의 시체를 고향 텍사스에 묻어 달라는 것이었다. 텍사스에 살고 있던 자녀들은 모두 그 사실을 듣고 분개했다. "그 사람이 우리와 무슨 상관이 있어? 그가 아버지로써 우리에게 해 준 것이 뭔데? 그 사람 때문에 어머니와 우리 모두가 얼마나 고생을 했는데… 왜 우리가 그 시체에 수고와 돈을 들여야 하지?"

모두가 불평을 하고 있을 때 신앙심이 깊은 큰아들은 아무 말 없이 동생들의 소리를 듣고만 있었다. 그리고 그는 캘리포니아로 가서 아버지의 시체를 운구해 오기 위해 자기 트랙터와 농기계들을 저당 잡혔다. 시신을 장례 치른 후 큰 아들은 동생들에게 이렇게 말했다. "성경에는 '네 부모를 공경하라' 고 씌어 있을 뿐, 우리가 공경해야 할 부모가 '어떤 부모' 인지에 대한 기록은 없단다."

그렇다! 부모 공경은 부모의 자격과 자질을 보고 하는 것이 아니다. 또한 부모가 자식들에게 얼마나 잘해 주었는지 혹은 못해 주었는지에 따라서 결정되는 것이 아니다. 부모를 공경하는 것은 창조주 하나님의 명령이다. 우리가 이 세상에 태어난 것은 부모를 통해서이다. 그러므로 부모에게는 하나님이 주신 권위가 있다. 물론 자식들에게 존경을 받는 훌륭한 인격과 헌신적인 수고를 다한 부모도 있을 것이고, 그렇지 못한 부모도 있을 것이다. 그러나 부모는 어떤 경우든지 자식들로부터 공경을 받을 수 있는 위치에 있는 분들이다.

어버이 주일을 맞이하면서 우리들은 다시 한 번 부모님의 사랑에 감사하며 부모님을 공경하는 일에 소홀함이 없었는가를 살펴보고, 남은 세월 부모 공경에 최선을 다하기를 다짐하는 복된 날이 되어야 할 것이다.

"자녀들아 너희 부모를 주안에서 순종하라. 이것이 옳으니라. 네 아버지와 어머니를 공경하라. 이것이 약속 있는 첫 계명이니, 이는 네가 잘 되고 땅에서 장수하리라."(에베소서 5:1~3)

〈1998. 5. 10.〉

인자수(仁者壽, 인도네시아 수하르토 대통령의 하야를 보면서)

논어에 "지자(知者)는 물을 좋아하고 인자(仁者)는 산을 좋아한다. 지자는 물 같이 움직이나 인자는 산 같이 고요하며, 지자는 즐겨하고 인자는 수(壽)하느니라"라고 기록되어 있다. 즉 인자는 의리에 안주하고 산과 같이 흔들리지 않으며 고요한 마음으로 살기 때문에 장수한다는 말이다. 바꾸어 말하면 사람이 욕심을 품으면 마음이 흐려지고 결국 그것이 건강에 좋지 않아 장수하는데도 도움이 되지 못한다는 것이다.

인도네시아 수하르토 대통령이 1965년 쿠데타로 정권을 장악하고, 1968년 대통령직에 오른 지 32년만에 장기 집권을 끝내고 물러났다. 욕심을 부리지 않고 마음을 비웠다면 유혈 저항이 일어나지도 않았을 것이고, 그나마 명예와 부를 어느 정도 소유할 수 있었을 텐데 인간의 탐욕의 결과가 자신은 물론 많은 백성들, 심지어 이웃 나라에까지 큰 피해를 주고 말았다.

이 지구상에 아직도 살아 있는 독재자들이 여러 명 있다. 쿠바의 카스트로는 39년, 리비아의 카다피는 29년째 장기 집권을 하고 있는데 그들의 앞길도 그리 평탄하지는 않을 것이다. 왜냐하면 역사는 욕심을 부려 독재자로 군림한 자들의 말로가 다 비참하게 끝난다는 것을 교훈으로 보여 주고 있기 때문이다. 20세기에 들어와 장기 집권을 했던 독재자를 살펴보면, 알바니아의 엔베르 호자 공산당 제 1서기가 41년, 이란의 팔레비 국왕이 38년, 스페인의 프랑코 총독이 36년, 유고의 티토 원수가 35년, 헝가리의 카타르가 32년, 소련의 스탈린이 31년, 루마니아의 차우셰스크가 24년 등으로 대부분이 공산주의 지도자들이며, 결과는 거의 다 비참했다.

이들보다 더 장기적인 독재를 한 사람이 있는데, 바로 북한의 김일성이다. 그는 1994년 세상을 떠나기까지 49년을 권좌에 앉아서 민족과 역사 앞에 엄청난 죄를 짓다가 결국 죽고 말았다. 그가 49년 간 권세에 욕심을 부리는 바람에 많은 이북의 동포들이 굶주리고 인권유린과 탄압을 당했으며, 6·25 동란으로 인해 수많은 생명과 재산이 파괴되었고, 1천만 이산가족의 한을 남기는 등 얼마나 많은 피해가 있었는지 모른다. 그가 이 땅에서는 자기의 욕망을 추구하고 그것을 달성했을지 모르지만 그의 사후의 세계는 영원한 죽음의 세계로 추락할 수밖에 없지 않겠는가?

성경은 말씀한다. "내 아들아 나의 법을 잊어버리지 말고 네 마음으로 나의 명령을 지키라. 그리하면 그것이 너로 장수하여 많은 해를 누리게 하며 평강을 더하게 하리라."(잠언 3:1~2)

〈1998. 5. 24.〉

우주의 월드컵이 열린다면

온 세계는 지금 프랑스 월드컵에 시선을 집중시키고 있다. 조그만 공 하나로 각 팀마다 11명씩 모두 22명이 그라운드를 누비며 골을 넣는 이 놀이에 정신을 다 빼앗긴 듯하다. 주최국 프랑스는 엄청난 수익을 남기고 있고, 출전 국가들마다 월드컵 특수를 노리기 위해 기발한 아이디어를 만들어 내고 있다. 열광적인 팬들은 밤잠을 설치며 TV의 중계방송에 빠져 있고, 영국의 광적인 팬인 훌리간들은 벌써부터 말썽을 피우고 있다.

처음부터 이변이 속출하고 있다. 우리나라도 숙원인 1승을 따내는 것과 16강 진출에 온 국민 모두가 한 마음이 되어 응원하고 있다. 여론 조사에 의하면 현지와 외국 사람들의 반응은 한국의 16강 진출 가능성을 10%정도로 보고 있으나, 우리 국민들은 70%에서 이제 100%까지 뛰어올랐다는 통계도 있다고 한다. 물론 불가능한 것은 아닐 것이다. 국가적인 경제 위기를 당한 이때 온 국민들에게 용기와 격려, 그리고 희망을 안겨 줄 수 있는 유일한 것이 월드컵 축구라는데, 기필코 16강 진출의 꿈은 이루어 질 것이라는 바램들이다. 또한 차범근 감독이 하나님께 감사와 영광을 돌리는 그 감격적인 장면을 사모하는 사람들의 소원 역시 뜨겁고 대단하다. 하나님의 위로하심과 도우심을 받으면 16강 뿐 아니라 8강도 오를 수 있을 것이다. 분명한 것은 세상 만사 모든 것이 우리의 능력으로서가 아니라 전능하신 하나님의 긍휼 하심과 은혜로 인한다는 사실이다.

　이제 시작된 98 월드컵 축구 대회는 한 달만에 끝나게 될 것이고, 2002년에 다시 한국에서 개최될 것이다. 그리고 온 세상은 축구로 떠들썩하게 될 것이고 또 다시 4년 후를 기다릴 것이다. 세계를 열광시키는 이 공놀이가 언제쯤 멈출 것인지에 대한 해답은 오직 예수 그리스도의 재림에 달려 있다. 예수님이 이 세상에 오시면 이 세상의 역사는 모두 멈추게 될 것이다.

　혹시 하나님의 새로운 세계에도 월드컵 축구와 같은 대 시합과 경기가 있지는 않을까? 만약 하나님께서 우주의 월드컵을 개최하신다면 좁은 잔디 그라운드가 아니라 광활한 우주 공간이 그 무대가 될 것이다. 공이 별과 별 사이를 오고 가며, 골문은 혹성과 혹성 사이로 넓고, 한 번 헤딩을 할 때 지구에서 달로 날아가는 것은 아닐지?… 순전히 혼자서 상상해 보는 것들이다.

　우리는 제한되고 짧고 좁은 이 세상의 공놀이에 모든 정신을 빼앗기지 말고, 우주의 주인이신 하나님께서 펼치시고 예비하시는 우주의 사건을 바라보는 눈을 가져야 할 것이다. 천상의 신비스러운 위로를 기대하는 영안을 가지자.

　"네가 묘성을 매어 떨기 되게 하겠느냐, 삼성의 띠를 풀겠느냐, 네가 열두 궁성을 때를 따라 이끌어 내겠느냐, 북두성과 그 속한 별들을 인도하겠느냐, 네가 하늘의 법도를 아느냐, 하늘로 그 권능을 땅에 베풀게 하겠느냐?"(욥기 38:31~33) "하늘이 하나님의 영광을 선포하고 궁창이 그 손으로 하신 일을 나타내는도다."(시편 19:1) "해는 그 방에서 나오는 신랑과 같고 그 길을 달리기 기뻐하는 장사 같아서 하늘 이 끝에서 나와서 하늘 저 끝까지 운행함이여 그 온기에서 피하여 숨은 자 없도다."(시편 19:5~6) 〈1998. 6. 14.〉

세계의 부자들

세계에서 가장 많은 재산을 가진 사람은 누구일까? 미국 「포브스」지 최신호가 발표한 세계 2백대 부호 중에서 제 1위는 미국의 마이크로소프트(MS)사 회장인 빌 게이츠(42세)로서 510억 달러의 재산을 가진 것으로 발표되었다. 선두를 고수한 게이츠 회장의 재산은 작년보다 40%나 불어났으며 사상 최초로 개인 재산이 500억 달러를 넘어섰다. 2위는 월턴가(미, 월마트)의 480억, 3위는 워런 비페트(미, 투자가), 4위는 폴 엘런(미, 마이크로소프트)의 210억, 5위는 케네스 톰슨(캐나다, 톰슨사)의 144억, 6위는 마스가(미, 상속재산)와 프리츠커가(미, 금융업)로 135억, 8위는 알 왈리드 왕자(사우디, 투자 건설 금융)의 133억, 9위는 리 샤우키(홍콩, 부동산)의 127억, 10위는 알 브레히트가(독, 소매업)의 117억이다. 아시아의 경우 금융위기 등의 영향으로 200대 부호에 포함된 숫자가 지난 해 56명에서 44명으로 줄었다. 한국인으로는 정주영 현대그룹 회장 일가가 15억 달러의 재산으로 195위에 머물렀으며(지난해 47위), 지난 해 48위를 차지한 삼성 이건희 회장, 149위였던 LG 구본무 회장, 164위였던 대우 김우중 회장 일가는 모두 200위권 밖으로 밀려났다.

「포브스」지는 부정축재 독재자나 왕족들은 제외하고 자수성가했거나 가업을 이어 부를 늘린 '일하는 재산가'들 만을 선정 대상으로 했다. 그래서 재산규모 3백 60억 달러로 세계 3위에 해당하는 브루나이 국왕은 빠졌다. 그리고 전 인도네시아 수하르토 대통령은 사임함에 따라 그의 일가가 74위로 진입하였는데, 수하르토 일가는 32년 동안 부를 모은 것으로 조사되었다. 권력을 이용하여 부를 쌓는 재미를 톡톡히 본 셈이다.

그러나 세계 200대 부호들의 명단에 끼어 들지 못한 사람들이라고 해서 행복의 질 면에서 결코 뒤떨어지거나 부족한 것은 아니다. 물질의 양이 행복과 축복의 가치가 될 수는 없다. 그들보다 훨씬 더 기뻐하며 만족함을 가지고 더 보람 있고, 가치 있게 살아가는 사람들이 있다는 사실을 잊어서는 안 된다. 성경은 참된 행복자의 모습을 우리에게 보여 주고 있다.

"내가 두 가지 일을 주께 구하였사오니 나의 죽기 전에 주시옵소서. 곧 허탄과 거짓말을 내게서 멀리 하옵시며 나로 가난하게도 마옵시고 부하게도 마옵시고 오직 필요한 양식으로 내게 먹이시옵소서. 혹 내가 배불러서 하나님을 모른다 여호와가 누구냐 할까 하오며 혹 내가 가난하여 도적질하고 내 하나님의 이름을 욕되게 할까 두려워 함이니이다."(잠언 30:7~9)

〈1998. 7. 5.〉

52년 만에 찾아낸 아버지의 예금

제 2차 세계대전 당시 강제 수용소에서 숨진 아버지의 예금을 52년에 걸친 끈질긴 싸움 끝에 받아 낸 한 유태인 할머니가 있다. 현재 뉴욕에 살고 있는 71세의 에스텔 사피르 할머니는 스위스 3대 은행 중의 하나인 크레딧 스위스 은행으로부터 액수 미상의 합의금을 지급한다는 약속을 받아내는데 성공했다. 유태인 홀로코스트(대학살)의 생존자인 이 할머니의 아버지는 1943년 강제수용소에서 숨졌다. 그의 아버지는 당시 폴란드의 부유한 은행가였다. 당시 소녀였던 이 할머니는 마이다네크 수용소 철조망 너머로 "살아 남는다면 은행 예금을 찾아 어머니와 형제들을 부양하겠다"고 아버지와 굳게 약속을 하였다고 한다.

이 딸은 종전 후인 1946년부터 문턱이 닳도록 크레딧 스위스 은행을 드나들며 예금을 인출하려 했으나 아버지의 사망 증명서가 없다는 이유로 번번이 거절당했다. 이 할머니가 가진 것은 기자 회견 시 보여준 낡은 흑백사진 2장뿐이었다. 하나는 은행가였던 아버지의 증명사진이고, 다른 하나는 아버지가 강제 수용소행 기차에 오르는 모습을 담은 스냅사진이었다. 할머니는 아버지의 예금을 찾으려는 노력을 중단하지 않았다. 스위스 은행을 상대로 한 집단소송에 앞장을 섰고, 지난 1996년 미국 의회 청문회에 출석하여 "수용소에서 숨진 아버지의 사망 증명서를 뗄 수 없다는 것은 은행측도 잘 알고 있다"고 증언했다. 결국 끈질긴 싸움에서 할머니는 승리를 거두었다. 스위스 은행이 홀로코스트 희생자 유가족에게 지급한 합의금으로는 최대의 액수인 30만~50만 달러(한화 4~7억)를 받게 되었다.

이 결정은 사피르 할머니와 함께 예금 인출 집단소송에 참여한 4만여 유태인, 특히 고령자들에게는 고무적이고 희망적인 소식이 아닐 수 없다. 크레딧 스위스 은행측은 "위장병으로 건강이 크게 악화된 할머니의 사정을 우선 고려하여 합의에 이르렀다"고 밝혔다. 비록 할머니는 합의금을 받게 되었고 소원을 성취했지만 할머니의 어머니와 형제들은 이미 세상을 떠나고 없었다. 52년 만에 아버지의 예금을 찾게 되었으나 할머니의 심정은 기쁨보다는 착잡함이 더 컸다. 할머니는 이 돈을 "이웃돕기에 사용할 생각"이라고 말하면서 "합의금 액수는 문제가 아니다. 비로소 정의가 실현되어 기쁘다"라고 기자들 앞에서 말했다.

할머니의 외롭고 끈질긴 투쟁의 결과가 승리로 나타난 사실에 경의를 표하며, 합의금의 액수보다도 사회 정의의 실현에 더 많은 관심을 가졌던 그 집념과 의지를 높이 평가한다. 이 세상에서는 진리인 사실을 밝히는데도 많은 시간이 걸리고 어려움도 많다. 정당한 권리를 주장할 수 있는데도 왜곡시키는 일이 비일비재하다. 이것은 이 세상이 어둡기 때문이요, 탐욕이 세상을 지배하고 있기 때문이다. 전쟁으로 인해 북한의 집, 밭, 재산을 잃어버린 이산가족들의 마음은 어떠할까? 이 세상의 것은 모두 잠깐이요, 영원한 나의 소유가 될 수 없음을 우리는 배우고 있다.

성경은 말씀한다. "사람이 하나님의 주신 바 그 일평생에 먹고 마시며, 해 아래서 수고하는 모든 수고 중에서 낙을 누리는 것이 선하고 아름다움을 내가 보았나니. 이것이 그의 분복이로다."(전도서 5:18)

〈1998. 8. 16.〉

할머니 한 분이 남긴 용돈

할머니 한 분이 세상을 떠나기 전에 지난 번 지리산에 내린 폭우로 생명을 잃고 많은 피해를 입은 사람들을 위하여 조금이라도 도움이 되기를 바라면서 1천 3백 25만원을 한 신문사에 기탁했다. 엊그제 돌아가신 할머니를 애도하며 검은색 양복을 입은 손자인 한 청년은 1백 만원 수표 6장과 1만원 묶음 몇 개 등 모두 1천 3백 25만원을 내어놓았다. 연락처를 묻자 "할머님은 생전에 그런 일을 드러 내놓고 하는 게 아니라고 하셨다"면서 사양했다.

장례를 치른 후 가족들이 모여 할머니의 용돈과 조의금 문제를 의논하다 지리산 수해 보도를 보고 가슴 아파하셨던 고인의 뜻을 기리자고 의견을 모았다고 한다. 그리고 유족들은 "우리 사회에 말없이 선행을 하는 더 훌륭한 분들이 많지 않느냐. 우리 얘기대신 다른 사람의 선행을 더 많이 소개해 달라"고 겸양해 했다고 한다. 사실 어려움을 당한 사람을 볼 때 돕는 것은 당연한 일이다. 그러하기에 우리 교회도 수재민들을 돕는 일에 동참하기 위해 적은 정성을 모아서 전달했다.

우리가 사랑을 실천하려면 먼저 겸손한 마음이 있어야 한다. 존 맥아더는 사랑에 대하여 이렇게 표현했다. "사랑은 행동하는 겸손이다. 사랑은 뗄 수가 없다. 겸손한 사람만이 사랑을 할 수 있다. 내가 나 자신에 대해 관심을 갖는 것보다 당신에게 더 관심을 갖지 않는다면 나는 당신에게 나 자신을 줄 수가 없다. 겸손은 사랑할 수 있는 발판이다. 겸손이 이기심 없는 것이라면, 사랑은 이기심이 없는 봉사이다."

최고의 사랑의 실천자는 예수 그리스도이시다. 그분은 죄인인 우리를 사랑하사 자신의 모든 영광을 포기하셨다. 십자가에서 생명을 내어 주시면서까지 사랑을 몸소 실천하셨다. 그분은 섬기는 자로 자신을 보여 주셨다.

예수님은 말씀하셨다. "인자의 온 것은 섬김을 받으려 함이 아니라 도리어 섬기려 하고 자기 목숨을 많은 사람의 대속물로 주려 함이니라."(마가복음 10:45)

주님은 우리에게 요구하신다. "내가 주와 또는 선생이 되어 너희 발을 씻겼으니 너희도 서로 발을 씻기는 것이 옳으니라. 내가 너희에게 행한 것같이 너희도 행하게 하려 하여 본을 보였노라."(요한복음 13:14~15) "새 계명을 너희에게 주노니 서로 사랑하라. 내가 너희를 사랑한 것같이 너희도 서로 사랑하라. 너희가 서로 사랑하면 이로써 모든 사람이 너희가 내 제자인줄 알리라."(요한복음 13:34~35)

〈1998. 8. 30.〉

세계에서 가장 살기 좋은 나라

해마다 유엔 개발 계획(UNDP)은 이 세상에서 가장 살기 좋은 나라가 어느 나라인지 조사하여 발표를 한다. 제 53차 유엔 총회에 맞춰 마련한 올해 세계 174개국의 '인간 개발 지수(human development index) 평가'에서 캐나다가 1위를 차지했다. 인간 개발 지수(HDI)는 평균 수명, 교육 수준, 문자 해독률, 1인당 국내 총생산(GDI), 성별 균형 등을 종합 평가해 산출하는 인간다운 삶의 지수이다. 캐나다는 지수 0.960으로 이 부분에서 5년 연속 1위를 차지했다. 2위는 프랑스, 3위는 노르웨이, 4위는 미국, 5위는 아이슬랜드의 순이었고 아시아에서는 일본이 8위, 홍콩은 25위, 싱가포르는 28위, 우리나라는 지수 0.894로 30위를 기록했다.

우리나라는 남녀별 균형 발전(교육과 소득 등)의 측면에서 37위로 지난해(35위)보다 더 밀려났으며, 여성의 사회 진출도(공직, 경영직, 전문 기술직 등)는 조사 대상국 중에서 83위(지난 해 73위)에 그쳤다. 북한은 75위로 지난해와 똑 같았고, 아프리카의 시에라리온은 지수 0.185로 2년 연속 최하위를 차지했다. 물론 유엔의 '인간 개발 지수'의 통계가 절대적이지는 않겠지만 거의 정확하다고 보아도 될 것이다.

그렇다면 우리는 삶의 질이 30위인 나라에 살고 있다. 그러나 상황에 따라 1위처럼 사는 사람도 40위, 아니 70위처럼 살아가는 사람도 많다는 사실을 우리는 알아야 한다. 비록 정치가 표류하고 거짓말이 난무하며, 경제는 언제나 이 긴 어두운 터널을 벗어날 것인지 아무도 약속을 못하는 현실이고, 학교 폭력과 도덕적 부패가 계속되고 있으며, 북한이 망나니적인 정치 노름을 하고 있다 해도 우리는 이 나라를 외면할 수는 없다. 우리나라가 삶의 질이 좀 더 나아진 나라가 될 것을 소망하며, 나라 사랑하는 마음을 가져야 할 것이다. 이 땅에서 우리에게 완전한 기쁨과 만족을 주는 나라가 어디 있겠는가? 불완전하고 부패한 인간이 사는 나라에서 우리가 낙원을 기대한다는 것이 잘못이다. 결국 장차 임할 영원한 나라를 바라보며 하루 하루를 알차게 살아가는 삶의 지혜를 가지는 사람이 가장 행복한 사람이 아니겠는가?

성경은 말씀한다. "또 내가 새 하늘과 새 땅을 보니, 처음 하늘과 처음 땅이 없어졌고 바다도 다시 있지 않더라. 또 내가 보매 거룩한 성 새 예루살렘이 하나님께로부터 하늘에서 내려오니 그 예비한 것이 신부가 남편을 위하여 단장한 것 같더라."(요한계시록 21:1~2)

"모든 눈물을 그 눈에서 씻기시매 다시 사망이 없고, 애통하는 것이나 곡하는 것이나 아픈 것이 다시 있지 아니하리니. 처음 것들이 다 지나갔음이러라."(요한계시록 21:4)

〈1998. 9. 13.〉

화장과 시신기증 운동

근래에 와서 자기의 시신을 화장할 것을 유언하는 사람들이 많아지고 있다. 한국 종교계, 사회계 지도자들이 화장을 유언으로 남기기로 약속하고 화장 중심의 장묘 문화 추진 시민 운동을 전개하기로 했다. 또한 이 운동을 이끌 범시민단체 결성에 의견을 모으고, 추석을 전후해 '화장 서명 운동'을 본격적으로 펼치기로 했다. 또한 시신 기증 운동도 서서히 확산되어 가고 있다.

한국 교회 목회자들도 화장과 시신 기증에 대해 긍정적으로 생각하고 있다는 통계가 나왔다. 기독교 가정사역 연구소가 목회자 235명을 대상으로 설문 조사를 한 결과 응답자 중 91%인 214명이 화장을 긍정적으로 생각하고 있거나, 이미 화장하기로 마음을 굳혔다고 응답했다. 그리고 "사후에 신장 등의 장기를 기증할 의사가 있느냐"는 질문에 대해 88%가 기증 의사가 있다고 말했으며, 또 사후에 시신 전체를 기증할 의사가 있다고 응답한 사람도 70%로 나타났다. 23%만 시신 기증 의사가 없다고 응답했다. 또한 "사후에 유산을 어떻게 처리하겠느냐"는 질문에는 일부를 사회에 기증하겠다고 답한 응답이 57.9%, 유산 전체를 사회에 기증하겠다는 응답자가 30.2%, 그리고 자녀와 배우자에게 물려주겠다는 응답은 4.3%로 나타났다. 시신을 화장하는 것이나, 시신을 기증하는 것, 그리고 유산을 안 물려주는 것. 이 모든 것은 내세에 대한 확실한 신앙을 가진 사람에게서 높게 나타날 수 있는 운동이다. 우리의 시신은 땅에 묻혀도 썩어져 흙으로 돌아가고 화장을 해도 재로 남아 그 형체가 없어진다.

그러나 그 원소는 이 세상에 남아 있어 주 예수님이 다시 이 땅에 오실 때 죽은 몸이 다시 살아난다고 성경은 말씀한다. 우리의 시신은 땅 속에 안장해서 썩어져 흙이 되어 없어지는 것이다. 화장을 해도 없어지는 것이 마찬가지며, 땅 속에 묻힌 몸이나 화장한 몸이나 다 같이 예수님 오실 때 부활할 것은 확실하다. 시신을 기증하는 것도 같은 원리이다. 어차피 흙으로 돌아갈 몸이라면 다른 사람에게 우리의 몸 일부가 이식되었다해도 그 역시 흙으로 돌아갈 것이요, 또 부활할 것이다. 그러면 이미 대답은 나왔다. 우리의 몸을 화장할 때 심각한 문제로 다가오는 국토 문제에 기여하게 되고 또한, 비싼 장례비를 대폭 삭감할 수 있으며, 장기 기증을 통해 육신의 고통 속에서 병마와 싸우며 어렵게 사는 사람들에게 도움을 줄 수 있을 것이다.

성경은 분명히 말씀한다. "주께서 호령과 천사장의 소리와 하나님의 나팔로 친히 하늘로 좇아 강림하시리니. 그리스도 안에서 죽은 자들이 먼저 일어나고 그 후에 우리 살아 남은 자도 저희와 함께 구름 속으로 끌어올려 공중에서 주를 영접하게 하시리니. 그리하여 우리가 항상 주와 함께 있으리라. 그러므로 이 여러 말로 서로 위로하라."(데살로니가 전서 4:16~18)

〈1998. 9. 27.〉

나는 무죄한가

얼마 전 해병대 사령관으로 지낸 분이 자신의 결백을 주장하는 광고를 일부 조간신문에 내었다. 부정부패의 소식으로 가득 찬 신문기사들 속에 있는 이 결백주장은 이색적이기도 하고 흥미로워서 많은 사람들이 그 결과를 주목할 만한 것이었다. 사연인즉 전봉준 전 해병대 사령관이 재직 때 진급 청탁과 함께 1억 3천여 만원 상당의 뇌물을 받은 혐의로 구속된 상태에서 자신이 무죄하다는 것을 주장하는 광고를 낸 것이었다. 그는 '국내의 해병대 전우 및 친지분들께'라는 제목의 광고에서 이렇게 주장했다.

"본인은 지난 33년 간의 군 생활 동안 청빈과 명예를 최고의 가치로 여기고 살아왔다. 여러분들께서 인내심을 가지고 기다려 주시면 모든 진실을 밝히겠다." 특히 고딕체로 '청빈과 명예'를 강조하고 '모든 진실을 밝히겠다'고 기록했다.

세상에서 무죄인 사람을 죄인으로 몰아치는 것도 문제이며, 동시에 유죄인 것이 분명한데도 그것을 부인하는 것도 문제가 된다. 이 세상에서 진실이 밝혀지는 것도 많지만 밝혀지지 않은 채 묻혀져 버리는 것도 적지 않다.

그러면 과연 우리는 무죄한가? 나는 무죄한가? 물론 도덕적이고 윤리적으로는 무죄가 될 수 있을지 모르나 마음으로 죄를 짓지 않는 사람이 누가 있겠는가? 성경에 간음하던 현장에서 체포된 여인이 예수님 앞으로 끌려왔을 때 많은 사람들이 분노하며 "율법에 기록한대로 하자면 돌로 쳐서 죽여야 하는데, 당신은 어떻게 할 것인가?"라고 물었다. 그러자 예수님은 "너희 중에 죄 없는 자가 돌로 치라"고 했다. 이 소리를 들은 많은 사람들이 노인으로부터 젊은이에 이르기까지 양심에 가책을 받고 다 물러가 버렸다. 이것은 세상 사람들 중에 무죄한 사람은 하나도 없음을 보여 주는 사건이다. 그러므로 우리는 전능하신 하나님 앞에서 우리 자신들을 항상 바르게 인식해야 한다. 그래야 우리가 무죄에 가까운 생활을 할 수 있기 때문이다.

성경은 말씀한다. "의인은 없나니 하나도 없으며 깨닫는 자도 없고 하나님을 찾는 자도 없고 다 치우쳐 한가지로 무익하게 되고 선을 행하는 자는 없나니 하나도 없도다. 저희 목구멍은 열린 무덤이요 그 혀로는 속임을 베풀며 그 입술에는 독사의 독이 있고 그 입에는 저주와 악독이 가득하고 그 발은 피흘리는데 빠른지라. 파멸과 고생이 그 길에 있어 평강의 길을 알지 못하였고 저희 눈앞에 하나님을 두려워함이 없느니라."(로마서 3:10~18) "죄의 삯은 사망이요, 하나님의 은사는 그리스도 예수 우리 주 안에 있는 영생이니라."(로마서 6:23)

〈1998. 10. 18.〉

미국 주지사가 된 입양아

 지난 3일 실시된 미국의 중간 선거에서 19살 때 한국을 떠났던 가난한 입양 소년이 워싱턴주 상원 의원으로 당선되었다. 그것도 백인이 93%가 살고 있는 보수적인 지역에서 민주당 후보로써, 또 동양계로써는 처음으로 상원 의원이 되는 쾌거를 이룩했다.

 주인공인 신호범(62세, 미국명 폴 신)씨는 6·25 전쟁 속에서 양아버지인 주한 미군 군의관 레이 폴 박사를 만났다. 그는 4살 때 어머니를 여의고 아버지 마저 행방불명이 된 뒤에 1950년 서울 영등포 일대에 주둔해 있던 미군 부대에서 하우스 보이 생활을 하고 있었다. 유난히 검은 눈동자를 지닌 소년을 바라보던 레이 폴 박사는 그 소년에게 아버지가 되어 주겠다는 약속을 하였다.

 그는 1953년 먼저 떠난 양아버지의 뒤를 따라 이민 절차를 밟아서 미국을 향해 떠났다. 그는 전쟁통에 하지 못한 공부가 한이 되어 죽도록 공부를 했다. 나이가 많다고 받아 주는 학교가 없어서 혼자 공부를 했는데, 하루에 3시간 이상 잔 적이 없었다고 한다. 그는 양부모에게 폐를 끼치지 않겠다고 결심하여 대학을 고학으로 다녔다. 호텔 접시 닦이에서 배달원, 공사판 노동일 등을 해냈다. 드디어 워싱톤 대학에서 박사 학위를 받은 그는 1969년 대학 강의를 시작하면서 월급을 받게 되자 한국에 있는 가족의 생존을 확인하고 친아버지와 계모, 그리고 이복동생 5명을 미국으로 데려왔다. 이후 주지사의 무역 자문 역할을 하던 그는 1992년 주 하원 의원에 당선되면서 정계에 입문하여 마침내 상원 의원에 당선이 된 것이다.

미국의 1.5세대 학생들에게 희망을 안겨 준 그는 "지난 40여 년 간 한번도 한국인임을 잊은 적이 없다. 미국을 대표하는 한국인이 많이 나오도록 하고, 차별이 없는 사회를 만들기 위해 모든 힘을 쏟겠다"라고 말했다. 그는 인간 승리의 한 모델로 어려운 시대를 살아가는 우리들에게 다가왔다. 값진 승리는 고난을 통과할 때 진정한 기쁨과 보람을 더하게 하는 것이다.

역사를 운행하시는 우리 하나님 아버지는 자기가 맡은 작은 일에 최선을 다하는 사람을 축복하신다.

"그 주인이 이르되 잘하였도다 착하고 충성된 종아. 네가 작은 일에 충성하였으매 내가 많은 것으로 네게 맡기리니, 네 주인의 즐거움에 참예할지어다 하고."(마태복음 25:21)
"내가 비천에 처할 줄도 알고 풍부에 처할 줄도 알아, 모든 일에 배부르며 배고픔과 풍부와 궁핍에도 일체의 비결을 배웠노라. 내게 능력 주시는 자 안에서 내가 모든 것을 할 수 있느니라."(빌립보서 4:12~13)

〈1998. 11. 8.〉

인권의 승리

영국 최고 법원인 상원 재판부가 전 칠레 독재자 아우구스토 피노체트(83세)에 대한 면책특권을 거부한 뉴스에 대해, 인권 사에 있어서 역사적인 판결이며 승리라고 소리를 치는 사람들과 이에 반대하는 사람들로 시끄럽다. 칠레에서는 군부정권과 정부 당국자를 제외한 대부분의 국민들이 환호를 하고 있다고 한다.

피노체트 시절 학살과 고문의 피해자였던 수천 명의 시민들은 가두행진과 환영집회에서 얼싸안고 환호했으며, 체포 영장을 발부한 스페인의 마드리드 시내에 모인 1천여 명의 시민들은 "칠레 OK, 피노체트 KO" 등의 구호를 외쳤다. 칠레 국민 상당수와 유럽 각국의 정부, 국제 인권 단체들은 25일 내린 이번 판결을 세계 인권 보호를 위한 기념비적 사건이라고 평가했다. 그리고 국제사면위원회 등 인권단체들은 보다 정의로운 사회를 만드는데 기여할 결정이라고 환영했다.

피노체트는 남미 칠레에서 17년 간 철권을 휘두른 군부 독재자의 전형으로 집권기간 반대파 3천여 명을 살해하고, 고문으로 10여만 명을 불구자로 만든 악랄한 사람이다. 그리고 "내 명령 없이는 나뭇잎 하나도 움직일 수 없다"며 칠레를 자기 마음대로 주무른 장본인이다. 1988년 연장집권을 묻는 국민투표에서 패배한 후, 대통령직에서 물러난 후에도 한동안 군 총사령관직을 맡아 막강한 권력을 행사하기도 하였다.
 그의 잔인한 독재 권력에 피해를 입은 많은 사람들이 칠레, 영국, 쿠바의 하바나, 스페인 등에서 환호와 눈물을 흘리며 "암살자는 무너졌다", "정의, 정의"라고 외치는 그 원통함을 이해할 만하다.
 그런데 이번 결정으로 인해 불안해하는 독재자들도 한둘이 아니다. 프랑스에 망명 중인 아이티의 장 클로드 뒤발리에, 사우디 아라비아에 숨어 있는 우간다의 이디 아민 등이다. 같은 날 미국의 인권단체 프리덤 하우스가 발간한 '97~98년도 세계의 자유 연례 보고서'가 눈길을 끄는데, 세계에서 최악으로 인권이 유린되는 나라가 바로 북한, 이라크, 쿠바, 수단이라고 발표되었다. 이 세상에서도 악인은 심판을 받는다. 비록 이 세상에서 용케 심판을 면할는지는 몰라도 장차 전능하신 하나님 앞에서의 심판을 피할 자는 아무도 없다.

 성경은 말씀한다. "스스로 속이지 말라. 하나님은 만홀히 여김을 받지 아니하시나니 사람이 무엇으로 심든지 그대로 거두리라. 자기의 육체를 위하여 심는 자는 육체로부터 썩어진 것을 거두고 성령을 위하여 심는 자는 성령으로부터 영생을 거두리라. 우리가 선을 행하되 낙심하지 말지니 피곤하지 아니하면 때가 이르매 거두리라."(갈라디아서 6:7~9)
 "이에 임금이 대답하여 가라사대 내가 진실로 너희에게 이르노니 이 지극히 작은 자 하나에게 하지 아니한 것이 곧 내게 하지 아니한 것이니라 하시리라. 저희는 영벌에, 의인들은 영생에 들어가리라 하시니라."(마태복음 25:45~46)

〈1998. 11. 29.〉

행복의 조건

가장 행복한 나라는 어디일까? 독일 「타게스슈피겔」지가 영국의 「LSE대학 보고서」를 인용하여 발표한 것이 눈에 띈다. 로버트 우스터 LSE대학 객원 교수가 최근 전세계 54개국의 국민들이 느끼는 행복도를 조사한 결과, 가장 행복하다고 느끼며 사는 사람은 예상외로 방글라데시인 것으로 나타났다. 세계에서 가장 가난한 나라로 알려진 방글라데시의 국민들이 세계의 부국인 미국과 일본, 그리고 선진국들을 물리치고 1위를 차지한 것은 여러 가지로 시사해 주는 것이 많다. 2위는 아제르바이잔, 3위는 나이지리아, 4위는 필리핀, 5위는 인도이다. 한결같이 가난한 나라 백성들이 행복하게 살아간다고 말하고 있다. 10위는 터키, 15위는 우루과이, 23위는 한국, 32위는 영국, 41위는 스위스, 44위는 일본이며 미국은 46위, 몰티브가 54위이다.

이 보고서를 보면 미국 등 선진국에서 문명의 혜택과 물질의 포만을 누리며 살아가는 사람들은 더 이상의 행복을 느끼지 못하고 있으며, 그러한 삶이 생활화되어 버렸기 때문에 행복도가 떨어진다는 것을 알 수 있다. 반면, 가난하고 어렵게 살던 사람들은 조금만 삶의 질이 향상되어도 행복감을 느끼며, 만족할 수가 있다. 결국 좋은 환경과 물질의 풍요로움만이 절대적인 행복의 요인이 되지 않는다는 것을 알 수 있다.

그렇다. 참된 행복이 반드시 물질의 부요함에 있는 것은 아니다. 마음에 기쁨과 만족이 없으면, 오히려 물질의 풍요가 행복의 장애물이 될 수도 있다.

성경에도 "마른 떡 한 조각만 있고도 화목하는 것이 육선이 집에 가득하고 다투는 것보다 나으니라"(잠언 17:1)라고 기록하고 있다. 복음을 전하다가 죄 없이 죄수로 로마 감옥에 갇힌 사도 바울은 이렇게 말한다. "그러면 무엇이뇨 외모로 하나 참으로 하나 무슨 방도로 하든지 전파되는 것은 그리스도니 이로써 내가 기뻐하고 또한 기뻐하리라."(빌립보서 1:18)

"주안에서 항상 기뻐하라 내가 다시 말하노니 기뻐하라."(빌립보서 4:4)

그의 기쁨과 행복은 물질의 부요함과 좋은 환경에 의한 것이 아니었다. 참된 행복은 물질의 풍요함과 좋은 환경에 의한 것이 아님을 보여준다. 사도 바울의 행복의 비결을 다시 한번 새겨 보자.

"내가 비천에 처할 줄도 알고 풍부에 처할 줄도 알아, 모든 일에 배부르며 배고픔과 풍부와 궁핍에도 일체의 비결을 배웠노라. 내게 능력 주시는 자 안에서 내가 모든 것을 할 수 있느니라. 그러나 너희가 내 괴로움에 함께 참예하였으니 잘하였도다."(빌립보서 4:12~14)

〈1998. 12. 13.〉

제 6 부
She said yes
(그녀는 "예스"라고 말했다)

84. 1999년과 새로운 천년
85. 밀레니엄 최고 갑부 50인
86. 기도하며 운동하는 선수들
87. 휴대폰 무례
88. 자녀를 위한 십계명
89. 원숭이들이 비웃는 인간의 가정
90. 리스트 파문과 인류 최대의 리스트
91. 너무 늦은 결단
92. 왜 단군상 건립을 반대하는가
93. 안락사의 법제화는 옳은 것인가
94. 거짓말 잔치의 옷 청문회
95. She said yes(그녀는 "예스"라고 말했다)
96. 진정으로 존경받는 기업인
97. 노벨 평화상 수상자 '국경 없는 의사회' (MSF)
98. 고문 기술자
99. Y6B(세계 인구 60억 시대)
100. 평화의 메시지 크리스마스

1999년과 새로운 천년

1999년은 여러 가지의 의미를 가진 해이다. 한 세기(1백 년)를 보내는 마지막 해이자 새로운 세기를 맞이하는 해이다. 또한 새로운 천년(밀레니엄)을 맞이하기 위한 천 년의 마지막 해가 되기도 한다. 그래서 많은 사람들은 1999년을 새로운 한 세기와 새로운 천년을 맞이하는 해로써 잘 준비하여 뜻 있게 보내려고 다짐을 하고 있는 것이다. 전 세계적으로 이 의미 있는 한 해를 위해 여러 가지 행사를 계획하고 있다. 신문과 TV 등 언론에서도 지난 세기와 지난 천 년을 회고하면서 새로운 세기를 전망하는 특집을 경쟁적으로 내어놓고 있다.

그렇다면 새로운 세기와 새로운 천년, 즉 2000년대는 어떤 세상이 될 것인가? 새로운 밀레니엄에 대한 세상 사람들의 기대와 전망은 무엇인가? 크게 두 가지 견해가 있는데, 긍정적인 희망을 가진 사람과 부정적인 회의를 가진 사람들로 양분될 수 있다. 긍정적인 전망을 하는 사람들은 새로운 21세기에는 엄청난 과학의 발달, 혁신적 기술의 발전으로 최고의 문명 사회를 이루게 될 것으로 본다. 의학의 발달로 무서운 질병이 퇴치될 것이며, 식량 문제도 해결될 것이므로 세계는 그야말로 평화를 추구하며 사는 낙원이 된다는 것이다.

반면 부정적인 시각을 가진 사람들은 과학과 기술의 발전을 인정하지만, 이 세상에는 종말이 올 것으로 본다. 이 세상이 질병, 분쟁, 전쟁, 핵무기의 위협 등으로 더욱 더 불행해 질 것으로 본다. 지난 1백 년을 볼 때도 '새로운 세기는 인본주의와 박애의 세기(「시카고 트리뷴」지, 1900년 1월 1일자)'로 내다보았는데, 어느 정도 인본주의와 박애 정신이 성취된 나라도 있는 반면 세계 제 1·2차 대전, 공산 혁명, 한국 전쟁, 베트남 전쟁, 중동 전쟁, 원자 폭탄 투하, 핵무기 위협, 테러, 기아, 기근, 종교와 인종 분쟁 등 참혹한 일들이 수 없이 계속 되었다. 그래서 프랑스의 예언자 노스트라다무스는 그의 예언서인「모든 세기」에서 1999년 7번째 달을 인류 최후의 날로 예언했다.

그렇다면 우리는 이 새로운 세기를 어떻게 전망하며 어떤 자세로 살아야 될 것인가? 가장 중요한 것은 과학과 기술, 제도와 경제의 발전이 아니라 인간 심령의 변화이다. 사람이 변하지 않은 채 누리게 되는 엄청난 문명의 자산은 불행과 파괴를 몰고 올 수밖에 없기 때문이다.

그리고 인류의 역사는 인간의 마음대로 되는 것이 아니다. 창조주이신 하나님의 뜻 가운데서 진행되는 것이다. 그러나 우리는 너무 낙관적으로도 부정적으로도 이 세상을 볼 필요가 없다. 우리에게 주어진 하루하루에 최선을 다하면서 내일을 계획하며 살아가는 것이 새로운 천년을 준비하는 올바른 자세일 것이다.

성경은 말씀한다. "천하에 범사가 기한이 있고 모든 목적이 이룰 때가 있나니. 날 때가 있고 죽을 때가 있으며 심을 때가 있고 심은 것을 뽑을 때가 있으며."(전도서 3:1~2)

"사람이 하나님의 주신 바 그 일평생에 먹고 마시며 해 아래서 수고하는 모든 수고 중에서 낙을 누리는 것이 선하고 아름다움을 내가 보았나니. 이것이 그의 분복이로다."(전도서 5:18)

〈1999. 1. 3.〉

밀레니엄 최고 갑부 50인

「월스트리트 저널」지가 지난 1,000년 동안 역사에 등장했다가 사라져간 황제, 성인, 발명가, 사업가, 투자가들을 대상으로 '밀레니엄 최고 갑부 50인'을 선정했다. 1위에서 50위까지 순위를 매긴 것은 아니다. 그 이유는 각각의 재산을 현재의 기준에 맞게 정확히 계산해서 비교할 방법이 없기 때문이다.

교황 인노첸시오 3세(1160~1216), 아즈텍 황제 몬테주마 2세(1466~1547), 영국의 헨리 8세(1491~1547), 미국의 철도 왕 코르넬리우스 밴더 빌트(1794~1877), 중국의 국민정부 관리로 금융관리였던 송자문(1894~1971) 등이 50인 중의 일부이다. 여성은 단 한 명, 남북 전쟁 직후 미국의 거부였던 해티 그린이 포함되어 있다. 오랫동안 여성이 큰 돈을 벌거나 재산을 상속할 수 없었던 까닭이다.

분석해 보면 밀레니엄 초반기에는 군주, 혹은 정복자가 약탈과 노예 매매 등을 통해 부를 축적했다. 예를 들면 무어족 통치자로 금 600만 조각을 모은 알 만수르(938~1002), 광활한 영토를 정복한 칭기스칸(1162~1227)과 손자 쿠빌라이 칸(1215~1294) 등을 들 수 있다. 이어서 국제 상거래 시대의 막이 오르자 피렌체의 필립포 디 아메데오 데 페루치(?~1303)는 향료와 모직물 무역으로 돈을 벌어 다른 상인들에게 대출해 주는 방법으로 큰 재산을 모았다. 상인이자 은행가이던 독일의 야코프 푸거 2세(1459~1525)는 "왕은 군림하지만 통치는 은행이 한다"고 큰 소리를 쳤다.

밀레니엄 중반기를 지나 산업시대로 접어들자 생산업자들이 갑부대열에 참여하기 시작했다. 생산 기술의 혁신이 중요 키워드로 등장하게 되었고, 맨 주먹으로 시작하여 돈방석에 앉는 자수성가형, 입지전적인 인물들이 나타났다. 수력 면직기를 개발하여 하루아침에 거부가 된 리처드 아크라이트(1732~1792), 강철왕 앤드루 카네기(1835~1919), 석유왕 존 록 펠러(1839~1939)등이 그들이다. 또한 세습적인 갑부들도 있었다.

그러나 20세기 후반에 들어서는 부의 축적과정이 보다 민주화되었다. 밀레니엄 갑부 중 20세기의 인물로는 헤티그린(1835~1916 ; 금융투자), 앤드류 카네기(1835~1919 ; 철강), 존 록 펠러(1839~1937 ; 석유), 돈 파티노(1860~1947 ; 광산업), 굴벤키언(1869~1955 ; 석유), 미르 알리 칸(1896~1967 ; 인도왕조 통치자), 송자문(1894~1971 ; 금융투자 정부관리), 폴 게티(1892~1976 ; 석유), 술탄 하지 볼키아(1946~ ; 브루나이 국왕), 빌 게이츠(1955~ ; 마이크로 소프트 회장) 등이 있다.

밀레니엄 최고의 50인 갑부로 선정된다는 것은 대단한 일이 아닐 수 없다. 그러나 보다 중요한 것은 그 많은 재산을 '어떻게 관리하며 무엇을 위해 사용하는가' 이다. 이 물질이 '누구로부터 왔으며 또 어디로 가는가' 하는 것을 아는 것이다.

우리는 고대 갑부 중 한 사람이었던 욥의 고백을 생각해 보아야 한다. "내가 모태에서 적신이 나왔사온즉 또한 적신이 그리로 돌아가올지라. 주신 자도 여호와시요 취하신 자도 여호와시오니 여호와의 이름

이 찬송을 받으실지니이다 하고."(욥기 1:21)

"이는 만물이 주에게서 나오고 주로 말미암고 주에게로 돌아감이라 영광이 그에게 세세에 있으리로다. 아멘."(로마서 11:36)

예수님은 말씀하셨다. "오직 너희를 위하여 보물을 하늘에 쌓아 두라 거기는 좀이나 동록이 해하지 못하며 도적이 구멍을 뚫지도 못하고 도적질도 못하느니라."(마태복음 6:20)

〈1999. 1. 24.〉

기도하며 운동하는 선수들

　지난 해 8월 LPGA 스테이트 팜 클래식에서 프로 첫 우승을 차지하였고, 뛰어난 패션 감각과 훌륭한 매너로 갤러리들 사이에서 인기가 높은 재미교포 펄 신(32세)은 기도하는 운동선수이다. 그녀는 수년 전 교통 사고를 당하였다. 골퍼로는 치명적인 옆구리 부상을 당한 것이다. 또 프로에 와서 경기가 잘 풀리지 않았을 때면 '하나님이 더 이상 골프를 원하지 않는가?' 하는 의문을 가지기도 했다. 이 어려운 상황 속에서 펄 신은 하나님께 기도했다. 그리고 기도의 응답을 받아 어려움을 극복했다.

　그녀는 인생의 분명한 목표를 가지고 있다. 그것은 남을 도울 수 있는 위치에 서는 것이다. 운동을 하는 목적도, 돈을 버는 목적도 은퇴 후에 자선 단체에서 일하면서 남을 돕는 것에 있다. 그리고 골퍼로써 프로 정신도 확고하다. 그래서 연예인처럼 패션 감각을 유지하는 것이 팬들에 대한 서비스라고 생각한다. 그리고 그녀는 겸손하다. 골프에 흐름이 있어 올라갈 때가 있으면 내려갈 때가 있다는 것을 알고 있기에 스윙을 교정하기 위해 레드베터의 지도를 계속 받고 있다. 그리고 박세리, 김미현 등 한국 선수들이 잘하고 있음을 기뻐하며 박세리가 스타덤에 올랐을 때 너무 자랑스러웠다는 아름다운 마음을 가진 선수이다.

운동선수들 가운데 기도하는 신앙인들이 적지 않다. 기도하는 유명한 축구선수 이영무씨는 선수 시절 항상 성경을 가지고 다니며 읽었고, 한 골을 넣을 때마다 그라운드에 엎드려 기도 드렸다. 당시, 기도하는 것에 대해 많은 압력을 받았다고 한다. 그러나 지금 그는 목사가 되어서 체육 선교에 힘쓰고 있다.

차범근 선수도 기도하는 선수였다. 특히, 9연패의 대업을 이룬 LG정유 여자 배구팀은 시합이 끝날 때마다 모든 선수가 무릎을 꿇고 기도한다. 팀의 감독 김철용씨는 장로이며, 선수들끼리 성경 공부와 기도회를 가지고 있다고 한다. 그 외에도 올림픽과 같은 국제 대회에서 금메달을 따거나 우승을 했을 때, 소감을 묻는 질문에 "먼저 하나님께 영광을 돌립니다"라고 대답하는 선수들이 많은 것은 아주 자랑스러운 일이 아닐 수 없다.

성경은 말씀한다. "그런즉 너희가 먹든지 마시든지 무엇을 하든지 다 하나님의 영광을 위하여 하라."(고린도전서 10:31)

예수님은 말씀하셨다. "너희는 먼저 그의 나라와 그의 의를 구하라. 그리하면 이 모든 것을 너희에게 더하시리라."(마태복음 6:33)

우리도 사도 바울의 신앙을 고백하자. "나의 간절한 기대와 소망을 따라 아무 일에든지 부끄럽지 아니하고 오직 전과 같이 이제도 온전히 담대하여 살든지 죽든지 내 몸에서 그리스도가 존귀히 되게 하려 하나니."(빌립보서 1:20)

〈1999. 3. 7.〉

휴대폰 무례

　요사이 휴대폰의 무례와 횡포에 대한 법적인 제재를 놓고 논란이 계속해서 일어나고 있다. 법정에서 휴대폰을 꺼 달라고 부탁했는데도 불구하고 계속 신호가 올리자 재판 진행을 방해했다고 하여 3일간 감금시킨 일도 일어났다. 휴대폰 보급 대수가 1천 5백만 대를 육박하면서 통신 과소비 풍조, 전화 중독증, 각종 사건과 사고가 일어나고 있다. 뿐만 아니라 이 휴대폰이 공해의 주범으로 등장하여, 다른 사람에게 피해를 주는 무례함의 정도가 계속 방치할 수 없는 지경까지 왔다는데 또 다른 심각성이 있다.
　그 동안에 강제적인 법보다는 캠페인을 주장해 왔고, 처벌보다는 예방을 주장해 왔으나 이제는 분별 없는 휴대폰의 소음과 무례한 통화 행태가 갈수록 도를 더해 더 이상 방치해서는 안 된다는 판단과 여론이 많아졌다. 휴대폰 공해가 사회 문제로 떠오르자 국회에서 여·야가 '휴대 통신 기기 사용 법안'을 제출했고, 정보 통신부도 휴대폰의 건전한 사용 방안을 추진하고 있다. 여기에 대한 반론도 있다. 개인의 자유를 법으로 강제하는 것은 바람직하지 않다는 논리에 근거하여 강제보다는 계몽을 주장한다. 특히 이권이 걸려있는 통신 회사들은 "모든 국민은 어디서든 타인과 통화할 자유가 있다"고 소리치고 있다.

정보화 시대에 전화는 필수적이다. 그러나 개인의 자유가 타인에게 누를 끼치고, 공공 장소에 방해가 되며 금지 구역 내의 위험 요인이 된다면 이것은 과연 누가 책임질 것인가? 특히 사고의 위험이 있는 의료 기관이나 항공기 내의 사용 금지는 법으로도 막아야 할 것이다. 자동차 운전 중 휴대폰의 사용 금지는 자신의 생명뿐만 아니라 타인의 귀중한 생명을 보호하는데 도움이 될 것이다.

교회 안에서 예배 중에, 도서관이나 음악 발표회, 공연장, 극장 등 공공 장소에서의 휴대폰 사용을 금지해야 하겠고, 지하철이나 버스 등 대중 교통 수단에서도 배려를 해야 한다. 여기에 대한 대응책으로 기술 개발을 주장하기도 하고, 공공 장소에서 진동 모드로의 전환이 편리한 '예절 버튼'의 설치를 제안하기도 한다.

그러나 가장 중요한 것은 법의 제재나 기술 개발보다 그것을 사용하는 사람들의 기본 예절, 사고가 아니겠는가? 휴대폰 사용에 대한 안내 방송과 자막이 계속 나오는데도 기차 안 여기 저기에서 울려대는 휴대폰, 큰 소리로 길게 통화하는 사람들을 매주 대하는 고통 속에서 "아직 선진국이 되려면 한참 멀었구나"는 탄식을 얼마나 더 해야 될 것인지… 제발 나부터라도 휴대폰 예의를 지키는 사람이 되어야겠다.

성경은 말씀한다. "무례히 행치 아니하며 자기의 유익을 구치 아니하며."(고린도전서 13:5)

〈1999. 3. 28.〉

자녀를 위한 십계명

5월 5일은 어린이 날이다. 그리고 교회에서는 5월 첫 주일을 어린이 주일로 지킨다. 어린이는 하나님의 자녀이며, 하나님께서 주신 선물이다. 그러므로 하나님의 자녀로써 잘 자랄 수 있도록 부모들은 기도하며 믿음으로 양육해야 한다. 그러한 바램으로 자녀 교육의 도움을 위해 '자녀를 위한 십계명'을 기록해 본다. 이것이 자녀 교육에 많은 도움이 되기를 바란다.

1. 어른들을 존경하고 옳은 말은 순종하자.
2. 남에게 친절하고 남을 도와주자.
3. 규칙적으로 먹고 자고 공부하고 운동하자.
4. 내가 할 수 있는 일은 내 힘으로 하자.
5. 누구에게나 예의 바르게 행동하자.
6. 남의 일을 방해하거나 폐를 끼치지 말자.
7. 남을 조롱하고 욕하고, 무시하지 말자.
8. 거짓말하거나 속이지 말자.
9. 남의 물건은 허락 맡고 사용하고 훔치지 말자.
10. 공중도덕을 지키고 자연과 동물을 사랑하자.

성경은 말씀한다. "또 아비들아 너희 자녀를 노엽게 하지 말고, 오직 주의 교양과 훈계로 양육하라."(에베소서 6:4)

〈1999. 5. 2.〉

원숭이들이 비웃는 인간의 가정

　세 마리의 원숭이가 나무에 앉아서 세상 돌아가는 이야기를 하고 있었다. 원숭이 한 마리가 "요즘 터무니없는 이상한 소문이 돌고 있는 것 알아? 사람들이 우리와 같은 원숭이 족의 후손이라고 주장하고 있대"라고 말했다. 그러자 옆에 앉아 있던 원숭이가 화를 벌컥 내면서 "그런 망측한 소리가 어디 있어?"라고 말했다.
　세 번째 원숭이가 끼여들었다. "우리들 중에 아내를 버리는 원숭이가 어디 있어? 우리는 절대로 아내를 버리지 않는데 아내를 버리는 인간들이 어떻게 감히 우리의 후손이라는 거야? 또 우리는 아이들을 버리지도 않아. 아내의 인생을 망쳐 놓는 일도 없지. 엄마 원숭이가 자기 새끼를 버리는 것을 본 적 있어? 어디 그 뿐이야? 우리가 언제 바나나 나무 둘레에 울타리를 치고 혼자만 먹겠다고 한 적 있어? 만약 내가 나무 주위에 울타리를 치면 결국 너희들이 배가 고파서 훔쳐먹을텐데, 우리가 언제 그런 짓을 했어?
　또 우리 원숭이들이 언제 밤늦게 술 취해서 집에 들어 와 아내를 때렸다는 거야? 우리는 뇌물을 받고 장군 시켜 준 적도 없고, 바나나를 뇌물로 받고서 가명으로 숨겨 놓은 적도 없다구. 우리가 언제 20억 원 재산 분규 소송을 맡아서 10억씩 챙기는 변호사 짓을 했다는 거야? 원숭이가 언제 맘에 안 든다고 쇠파이프를 휘두르고 총으로 쏘면서 서로를 죽였어? 인간이 어디서 왔는지는 모르지만, 인간이 우리 같이 고상한 원숭이들의 자손이라는 건 말도 안 되는 얘기야. 절대로 아니야. 그런 창피한 일은 있을 수도 없어. 인간은 절대로 우리 자손이 아니야!"

물론 이 원숭이들의 이야기는 만들어 낸 우스개 소리이지만 오늘날의 세태를 아주 정확하고 예리하게 지적하고 있다. 오늘날 우리가 살고 있는 이 세상의 가정에는 심각한 문제들이 계속해서 일어나고 있다. 나날이 이혼율이 증가하고, 청소년들이 가출하며, 부모가 자녀를 버리는 일도 점점 더 많아지고 있다. 도덕적 타락, 미혼모의 임신과 낙태, 비디오와 TV의 악영향, 마약과 알코올 중독, 청소년 범죄와 자살의 증가 등이 계속 거듭되고 있다.

하나님은 우리 사람을 그의 형상대로 창조하시고 축복하셨다. 그런데 창조주 하나님을 떠나므로 인간의 가정에 파탄이 오게 된 것이다. 그러므로 진정한 가정 회복은 창조주 하나님을 찾고 그 분을 경외하며 그 분의 뜻대로 사는 것을 통해 가능하다.

성경은 말씀한다. "하나님이 자기 형상, 곧 하나님의 형상대로 사람을 창조하시되 남자와 여자를 창조하시고, 하나님이 그들에게 복을 주시며 그들에게 이르시되 생육하고 번성하여 땅에 충만하라, 땅을 정복하라, 바다의 고기와 공중의 새와 땅에 움직이는 모든 생물을 다스리라 하시니라."(창세기 1:27~28)

"이러므로 남자가 부모를 떠나 그 아내와 연합하여 둘이 한 몸을 이룰지로다."(창세기 2:24)

〈1999. 5. 16.〉

리스트 파문과 인류 최대의 리스트

'쉰들러 리스트'라는 영화가 있다. 제 2차 세계대전 때, 한 독일인 사업가가 강제 수용소에 끌려가 죽임을 당하게 될 유대인들을 자기 자신의 돈과 물질, 그리고 권력과의 결탁을 통해 수 천 명의 생명을 건진 사건을 영화화한 것으로, 유대인은 물론 전세계인의 심금을 울렸다. 이것이 영화화되자 아카데미상을 휩쓸어 버려 화제의 작품이 되었다.

우리나라에도 최근에 리스트 파문이 계속되고 있다. 한보 관련 '정태수 리스트'부터 시작하여 기아 관련 '김선홍 리스트', '이신행 리스트', '이종기 변호사 리스트', '절도범 김강룡 리스트', '최순영 리스트', '최 회장 부인 이형자 리스트'에 이어 전 농협 회장 원철희씨가 비자금 4억여 원을 1백 5십여 명의 정·관·언론계 인사들에게 뿌렸다는 '원철희 리스트'가 터져 나왔다. 앞으로 또 어떤 리스트가 등장할 지 모른다.

이 리스트에는 공통점이 있다고 한다. 우선 리스트의 앞부분에 붙는 사람의 이름은 모두 범법자나 피의자이다. 주로 재산 범죄나 뇌물 관계로 구속된 사람들이 리스트의 창출자이다. 그래서 이런 리스트가 나올 때마다 정·관계가 사시나무처럼 떤다는 것도 공통점이다. 그러다보니 이제 그 많은 리스트에 이름 한 번 안 들어가면 별 볼일 없는 사람이라는 우스개 소리마저 들리고 있다. 그리고 리스트마다 이름이 나오는 사람들은 유력자라는 분석도 있다. 이들의 공통점은 한결같이 결백을 주장한다는 것이다. 하지만 검찰청 밖에서 한 말과 안에서 한 말이 다른 경우가 대부분이다. 밖에서는 큰소리치지만 검찰청 안에서는 약한 소리가 되고 만다. 마지막 공통점은 리스트의 처리 결과가 처음과는 달리 항상 흐지부지된다는 것이다. 대부분의 경우가 태산명동(泰山鳴動), 서일필(鼠一匹)이거나 용두사미(龍頭蛇尾)로 마무리된다.

이런 리스트가 나올 때마다 지도층들이 관련되어 있고, 그들이 벌벌 떤다고 하는 것을 보면 부정 부패가 만연되어 있으며, 나라 기강이 흔들리고 있다는 것을 알 수 있다. 또 권력층의 압력으로 검찰이 공평한 수사를 할 수가 없어 편파 수사니, 표적 수사니 하는 말이 있는 것을 보면 검찰에 대한 불신도 자연히 클 수밖에 없다. 이러한 리스트 파문은 앞으로도 계속 되어질 것이다. 그것은 이 세상에 부패가 사라지지 않는 한 항상 나타날 수밖에 없다.

그런데 장차 인류 최대의 리스트가 나타날 것을 아는 사람들은 의외로 많지 않고, 많은 사람들이 그것에 무관심하다는 것을 우리는 경계해야 한다. 이 세상 마지막 예수 그리스도가 다시 오실 때 그 분의 손에 들고 계실 '생명책 리스트'에 우리의 이름은 꼭 들어가야 한다. 세상의 리스트에는 못 들어가도 이 생명의 리스트, 인류 최대의 리스트에는 꼭 들어가는 축복을 누리자.

성경은 말씀한다. "내가 보매 보좌에 앉으신 이의 오른손에 책이 있으니 안팎으로 썼고 일곱 인으로 봉하였더라. 또 보매 힘있는 천사가 큰 음성으로 외치기를 누가 책을 펴며 그 인(印)을 떼기에 합당하냐 하니, 어린양이 나아와서 보좌에 앉으신 이의 오른손에서 책을 취하시니라."(요한계시록 5:1~2, 7)

〈1999. 6. 20.〉

너무 늦은 결단

철학자 임마누엘 칸트는 아주 철저하게 시간을 지키는 것으로 유명한 사람이다. 그는 매우 냉철한 사람이었다. 그에게는 평소에 친밀하게 지내며 교제해 오던 여인이 있었다. 어느 날, 그 미모의 여인이 칸트에게 자기와 결혼해 주기를 요구했다. 그 청혼은 계속되었다. 그러나 칸트는 그 여인에게 머뭇거리면서 한 번도 명확하고 확신 있게 대답을 하지 못했다. 그 여인은 칸트의 분명치 못한 태도가 항상 불만이었다.

하루는 칸트에게 그 여인이 자기의 청혼에 대한 분명한 대답을 요구했다. 그 때 칸트의 대답은 "생각해 보겠습니다"라는 것이었다. 그는 결단을 내리지 못하고 결혼에 대해서 더 깊은 연구를 하기 위해 도서관에 가서 결혼에 대한 많은 책들을 뒤져보았다. 결혼에 대해서 찬성하는 의견과 반대하는 의견들을 모두 모아서 나름대로 집중적으로 연구했다. 그런 후에 결혼하기로 결심했다. 그래서 그는 그 여인의 집을 찾아가서 문을 두드렸다. 문을 열어 주는 그 여인의 아버지에게 칸트는 말했다. "당신의 따님과 결혼하기로 결정했습니다." 그 때 그녀의 아버지는 "너무 늦었어. 내 딸은 이미 결혼해서 두 아이의 어머니가 됐다네"라고 말해 주었다. 칸트의 결단은 너무 늦은 것이었다.

우리가 세상을 살아갈 때, 결단을 내려야 하는 일이 너무도 많다. 일생을 결정짓는 중요한 결단도 있고, 사소한 것들을 순간 순간 결단해야 하는 경우도 있다. 빨리 결단을 내려야 하는 것도 있고, 천천히 여유를 가지고 결단해야 하는 것도 있다. 그러나 너무 늦은 결단은 기회를 놓쳐 버린다. 특별히 선한 일에 너무 늦은 결단을 해서는 안 된다. 기회는 기다려 주지 않는다. 어떤 기회는 일회성으로 지나가 버리면 다시는 오지 않는 것도 있다. 그러므로 봉사하고 싶을 때 어물거리지 말고 즉각적으로 바로 시행하는 것이 열매를 맺는 길이다.

특히 우리가 너무 늦은 결단을 해선 안 되는 경우가 있다. 그것은 잘못을 바로 잡는 것, 즉 회개의 결단이다. 죄를 지었을 때 속히 회개하고 그것을 회복하는 결단이 있어야 한다. 회개하는 결단을 주저하고 머뭇거릴 때 더 큰 어려움과 화가 임한다. 정리할 것은 정리하고 버릴 것은 속히 버리는 결단이 있어야 한다. 또한 지도자와 가장의 결단은 큰 영향을 미친다.

역사적으로도 너무 늦게 결단함으로 운명이 바뀐 경우가 얼마든지 있다. 개인적으로 결단을 너무 늦게 함으로 불행을 당한 경우도 많다. 노아 홍수 때와 소돔과 고모라가 유황불로 멸망당하기 직전에 많은 사람들이 회개하지 않고 결단을 내리지 못하여 머뭇거리다가 모두 멸망을 당하고 만 것이 너무 늦은 결단의 대표적인 경우이다. 우리는 앞으로 결코 너무 늦은, 어리석은 결단의 길로 가지는 않아야 할 것이다.

"들으라. 너희 중에 말하기를 오늘이나 내일이나 우리가 아무 도시에 가서 거기서 일 년을 유하며 장사하여 이를 보리라 하는 자들아, 내일 일을 너희가 알지 못하는도다. 너희 생명이 무엇이뇨? 너희는 잠간 보이다가 없어지는 안개니라. 이러므로 사람이 선을 행할 줄 알고도 행치 아니하면 죄니라."(야고보서 4:13~14, 17)

〈1999. 7. 11.〉

왜 단군상 건립을 반대하는가

　최근 '한민족 문화운동 연합'이라는 단체가 단군을 민족 전체의 국조 내지 신앙의 대상으로 부각시키려는 의도로 학교를 비롯하여 공공시설 내에 단군상을 설치하기 시작하였다. 6월 10일 현재로 서울을 비롯해 경기도, 대전, 충청도, 광주, 전라도, 대구, 경상도, 부산에 이미 327상을 건립했다. 그리고 2000년까지 360상을 설치하기 위해 진행 중이다.
　지난 1985년 환웅을 국조신으로 여기는 대종교, 단군교가 '국토 단군 봉인 추진위원회'를 구성하고 서울 사직공원에 단군 신전을 세우려다 교계의 적극적인 반대운동으로 무산된 적도 있었다. 이런 현상은 IMF 경제난국을 비롯한 온갖 사회의 불안 요소들과 국민들의 불안한 심리에 편승하여 소위 민족 정신의 회복, 효 정신의 회복, 조국 통일의 기원이라는 명목 하에 단군을 국조신으로 적극 부각시키려는 종교적인 의도를 가진 것들이다.
　단군상 건립이 학자들간에 논란이 되고 있는데 그것이 잘못된 이유를 열거해 보면 다음과 같다. 첫째로 신화적 인물을 국조로 인정해 숭배 대상으로 삼으려는 것은 일종의 역사적 왜곡임이 분명하다. 단군과 같이 역사적 사실로 정립되지 않은 신화적 인물을 민족 전체의 국조신

내지 숭배의 대상으로 인정하여 공공시설 내에 단군상을 건립하여 청소년들에게 그릇된 역사관을 심어주는 것은 잘못이다. 단군 신화는 정사인 삼국사기에 기록되어 있지 않고, 야사인 삼국유사에 기록된 것으로 고려 충렬왕 때 원나라의 압박을 이겨내고 민족 자긍심을 고취할 목적으로 단군을 국조 신격화하는 작업이 진행되었다. 만일 단군이 실존 인물이라 해도 국가 형태를 이룬 초대 왕은 될지 모르나 국조는 아니며 신적 숭배 대상은 더욱 아니다.

둘째로, 공공시설내의 단군상 설립은 위헌이다. 단군상 건립에 특정한 종교적 성향이 밝혀진 이상 단군 동상을 공원이나 학교 등에 세워 신격화하는 것은 명백한 위헌이다. 성문화되지 않았어도 정교 분리원칙은 우리나라 헌법의 기본 골격이기 때문에 공공 기관과 공공 장소에서는 특정 종교 행위를 할 수 없다.

셋째로, 온 국민이 경제 위기와 부정 부패, 사치와 방종 등 온갖 부조리를 추방하는데 혼신의 노력을 기울여야 할 때에 한 번 세우는데 수천 만 원의 돈을 들여 동상을 세우는 것은 국력 낭비이다.

넷째로, 이것은 천지만물과 사람을 창조하시고 지금도 살아 계시며 홀로 한 분이신 하나님의 영광에 정면으로 도전하는 어둠의 세력의 궤계이다.

일제시대에 우리의 신앙의 선배들은 목숨을 걸고 신사참배를 반대하며, 일본천황 숭배를 반대하기 위해 싸우다가 순교의 제물이 되었다. 이에 비해 천황 숭배를 묵인하고 동조한 무리들도 있었는데, 그것으로 인해 그 후 얼마나 큰 역사적 대가를 치르며 민족의 비극을 경험하지 않았는가? 참된 애국은 우상을 숭배하는 것이 아니다. 사람들이 자신의 목적 성취와 욕망을 가지고 진행하는 단군상 건립을 적극 반대할 뿐 아니라 창조자요, 복의 근원되신 하나님을 온전히 섬기는 것이다.

성경은 말씀한다. "이스라엘아 들으라. 우리 하나님 여호와는 오직 하나인 여호와시니, 너는 마음을 다하고 성품을 다하고 힘을 다하여 네 하나님 여호와를 사랑하라."(신명기 6:4~5)

〈1999. 8. 8.〉

안락사의 법제화는 옳은 것인가

네델란드 정부가 지난 10일 치유 가망이 없는 말기 환자의 안락사를 합법화하는 법안을 발표하고 의회에 제출했다. 세계 최초로 안락사를 법적으로 인정해 주는 '죽음의 권리장전'을 선포함으로 세계적으로 큰 파장이 일어나게 될 것으로 보인다.

안락사 문제는 하루 이틀, 어제 오늘의 문제가 아니다. 네델란드만 해도 안락사를 죽을 권리로 보아야 한다며 25년 동안 허용을 위한 운동이 이어져 왔으며, 지난해 여론 조사에서는 인구의 98%가 찬성을 했다. 이미 1993년부터 환자의 자발적 의사가 있을 때, 환자가 수용 불가능한 고통을 당할 때 다른 의사와의 협의 등 몇 가지 조건을 충족시킨 경우 안락사를 시행한 의사들에게는 촉탁 살인 혐의로 입건만 하고 처벌을 하지 않았다.

연간 사망자의 3%에 해당되는 3천 6백 명이 안락사로 숨지는 것으로 알려지고 있다. 현행 규정은 16~18세에게도 독자적인 선택권을 인정하고, 12세 이상 16세 미만은 부모의 동의가 있을 경우, 부모 중 한 쪽이 반대하면 담당 의사의 최종 판단에 의해서 허용된다. 사실상 모든 연령의 안락사가 가능해졌다. 또한 의사 표시를 할 수 없는 뇌사 상태를 대비해 사전에 안락사를 원한다는 카드를 만들어 휴대한 사람에게는 안락사를 시행할 수 있는 길도 열어 놓았다. 야당인 기민당에서는 "마지막 윤리를 법률에서 제거하려는 책동"이라고 격렬히 비난했으나 역부족이었다.

안락사를 주장하는 사람의 의견도 일리가 있다. 도저히 살 가능성이 없이 참혹한 고통을 당하는 사람들을 고통에서 해방시켜 편안한 죽음을 맞게 하자는 인도주의적인 생각이다. 또 환자의 가족들이 감내해야 하는 많은 고통과 희생, 또한 엄청난 재정 부담이 문제가 된다고 볼 수 있다. 노골적으로 말하면 후자 쪽에 더 비중을 두고 있는 것 같다.

그런데 이 안락사를 합법화할 경우 일어날 부작용은 보통 심각한 것이 아니다. 환자가 인내하지 못하고 고통에서 벗어나기 위해 안락사를 요구하는 일이 비일비재할 것이며, 가족들도 더 이상 희생하려고 들지 않을 것이다. 더 중차대한 것은 살아날 가망이 있는 사람까지도 안락사를 시켜 버리는 일이 발생하지 않는다고 누가 장담할 수 있겠는가?

가난하고 의료 시설이 열악한 나라에서는 더 심각한 사태가 일어날 것이다. 환자를 돌보는 일에서 속히 벗어나기 위해 안락사로 위장된 살인이 계속 이어질 것이다. 결국 인간 생명의 존엄성은 사라져 갈 것이다. 지금도 식물인간으로 포기된 사람들이 다시 소생하는 기적이 일어나고 있는데, 안락사는 이런 하나님의 기적을 막아 버릴 것이며, 생명의 가치를 형편없이 떨어뜨림으로 심각한 사회문제를 발생시킬 것이다. 그리고 그것이 결국은 인류의 재앙으로 이어져 하나님의 진노와 심판으로 귀결될 것이다.

성경은 말씀한다. "하나님이 가라사대 우리의 형상을 따라 우리의 모양대로 우리가 사람을 만들고 그로 바다의 고기와 공중의 새와 육축과 온 땅과 땅에 기는 모든 것을 다스리게 하자 하시고. 하나님이 자기 형상 곧 하나님의 형상대로 사람을 창조하시되 남자와 여자를 창조하

시고."(창세기 1:26~27)

예수님의 말씀에 귀를 기울여야 할 것이다. "사람이 만일 온 천하를 얻고도 제 목숨을 잃으면 무엇이 유익하리요. 사람이 무엇을 주고 제 목숨을 바꾸겠느냐?"(마태복음 16:26)

〈1999. 8. 15.〉

거짓말 잔치의 옷 청문회

지난 25일에 시작된 옷 로비 사건 청문회가 4명의 증인을 한 자리에 모아 놓고 대질 심문까지 해 보았지만 결국 '거짓말 잔치'로 끝나고 말았다. 사흘 간이나 개별 증언했지만 4인 4색의 거짓말로 끝나 버렸다. 금번 청문회에서는 희한한 말들이 다 동원되었다. 진실을 담은 말보다 간지(奸智)가 배어있는 말, 동정을 유발하려는 흐느낌의 말, 덮어놓고 부인하는 막무가내의 말, 핵심을 흐리기 위한 쓸데없는 설명이 판을 쳤다.

증인들로 나온 부인들은 자신들의 결백을 강조하기 위해 여러 가지 방법을 동원했는데 특히 성경을 많이 인용하였다. 한 증인은 증언 도중에 자신의 입장이 곤란하다 싶으면 "성경에 손을 얹고 맹세하건대…"를 연발했다. 당시 검찰 총장 부인도 어려운 고비에서 "하나님은 나를 아신다"며 피해 나갔다. 또 한 증인은 성경을 자주 들먹거리는 다른 증인에 대한 소감을 묻자 "나보고 성경을 인용하라면 '하늘과 땅을 두고 맹세하지 말라'는 것을 인용하고 싶다"고 대답했다. 그 뿐 아니라 한 증인은 "제가 억울해서 어떻게 해요", "분통이 터져서 못 살겠어요", "자살하고 싶어요"라고 말하기도 하였다.

옷 로비 사건에 있어서 핵심은 고급 옷, 호피무늬, 밍크 반코트가 언제 차에 실려 왔느냐, 몇 번 입었느냐, 운전 기사를 시켜 언제 되돌려 줬는가가 중요한 것이 아니라 그 일이 국가 경제가 송두리째 무너진 IMF 상황가운데 일어났다는 것에 있다. 온 국민들이 평생 약속의 증표인 결혼 패물, 자식의 돌 반지, 동전 외화까지 모으며 몸부림치던 그 시점에, 생계를 위한 직장을 잃고, 실직자들이 자살을 하고, 아이들이 고아원에 내던져지고, 가장들이 노숙자로 방황하던 바로 그 시점에 권력층의 부인들이 권력에다 금력까지 탐한듯, 한 주일에 몇 번씩 고급 의상실을 드나들었다는 이 어처구니없는 사건에 온 국민의 분노가 폭발한 것이다.

청문회에서 심문하던 국회의원들도 여당은 이씨를, 야당은 연씨와 정씨를 몰아 붙였고, 증인 중에 코미디를 연상케 했던 한 증인은 "거짓말이야"라고 소리쳤는데 바로 그 "거짓말이야"하는 소리가 진실인지 혹은 거짓말인지 우리는 알 수가 없다. 결국 네 명의 증인 중에서 누군가 거짓말을 하고 있는 것은 틀림이 없는데 그 사실은 밝히지 못했다.

그러나 사람은 속일 수 있어도 양심은 속일 수 없다. 또한 화인 맞은 양심을 속일 수 있을지는 모르나 하나님을 속일 수는 없다.

예수님은 말씀하셨다. "그런즉 저희를 두려워하지 말라. 감추인 것이 드러나지 않을 것이 없고 숨은 것이 알려지지 않을 것이 없느니라." (마태복음 11:26)

⟨1999. 8. 29.⟩

She said yes
(그녀는 "예스"라고 말했다)

지난 4월 미국 콜로라도주 콜럼바인 고등학교 총기 사건 때, 범인의 총구 앞에서 자신의 신앙을 지키다 숨진 캐시 버널 양(17세)의 전기가 나왔다. 책의 제목은 「그녀는 예스라고 말했다(She said yes) - 캐시 버널의 순교」이다.

지난 4월 20일 콜럼바인 고교에서 총기를 난사하며 13명을 살해한 범인 중의 한 명이 도서관에 들어와 버널 양에게 총을 들이대며 "하나님을 믿느냐?"고 질문을 했다. 믿는다고 대답하면 죽이겠다고 위협을 가하고 있던 상황이었다. 그러나 죽음을 각오한 버널 양은 침착하게 그리고 분명하게 "그렇다"라고 대답했다. 범인은 사정없이 그녀에게 방아쇠를 당겨 죽이고 말았다.

버널 양은 독실한 기독교 신앙을 소유하기 수년 전에 나쁜 친구들과 어울린 적이 있었다. 그녀는 마약을 복용하고 신비주의에 탐닉하여 자살까지 생각하며 방황하기도 했다. 그러나 부모의 권유에 따라 기독교 학교에 입학하였고, 기독교 종교 서클에 가입하면서 신앙심이 깊어져 갔다. 그녀는 암환자와 마약 중독자들을 돕는 일에 헌신했다.

버널 양의 전기의 저자는 버널 양의 어머니인 미스티 버널이다. 어머니는 딸의 비극을 더 이상 들추는 것을 처음에는 반대했으나 출판사의 끈질긴 권유를 받고 젊은이들에게 딸의 죽음의 의미를 생각하는 기회를 주기 위해 출판을 허락했다. 출판사는 책 판매액으로 버널 양의 이름을 딴 불우 청소년 기금을 조성할 계획이며, 버널 양의 이야기를 영화나 드라마로 제작하는 작업도 추진 중이라고 한다. 총을 들이 댄 범인이 "하나님을 믿느냐?"라고 물었을 때 "그렇다"고 분명히 대답한 버널. 자기를 죽일 것이라는 것을 알면서도 "Yes"라고 대답한 어린 소녀의 신앙심과 용기는 대단하다. 그래서 미국의 모든 언론은 그녀를 순교자로 보도하고 있는 것이다.

우리가 이 사건을 접하면서 생각해 보아야 할 점이 많은 것 같다. 우리는 조그만 손해, 불이익이 겁이 나서 진리를 진리라고 말하지 못하며, 불의 앞에 머리를 숙이고 무릎을 꿇는 일이 얼마나 많은가? 그래서 우리는 총부리를 대고 있는 악당 앞에서 "하나님을 믿는다"라고 분명하게 대답했던 한 어린 소녀의 신앙과 용기에 더욱 감동을 받게 되는 것이다.

예수님은 말씀하셨다. "나를 인하여 너희를 욕하고 핍박하고 거짓으로 너희를 거스려 모든 악한 말을 할 때에는 너희에게 복이 있나니. 기뻐하고 즐거워하라. 하늘에서 너희의 상이 큼이라. 너희 전에 있던 선지자들을 이같이 핍박하였느니라."(마태복음 5:11~12)

〈1999. 9. 19.〉

진정으로 존경받는 기업인

「월스트리트 저널」의 자매지인 「배런스」가 미국의 부자들의 공통적 특성에 대하여 '상속받은 부자는 드물고, 돈이 없으면 그만큼 사회 기부도 많이 한다'라고 소개하였다. 이 발표가 신빙성이 있는 것은 미국 국세청이 지난 8년 간 납세자 중 상위 1%의 고소득층(연간 평균 소득 약 22만 7천 5백 달러)을 대상으로 조사 발표한 '돈을 많이 버는 사람들의 공통점'에 근거했기 때문이다. 이들 고소득층 중 유산을 받은 사람은 10%에 불과했고, 중산층 또는 하류 계층 출신의 자영업자와 전문직 봉사자들이 대부분을 차지했다. 40~50대가 55%였으며, 30대도 19%나 되었다. 이들은 연 수입 중 8%를 자선 단체에 기부하고, 42%를 세금으로 내며, 저축 및 투자에 27%를 쏟아 붓는다.

세계 최대의 기업인 마이크로소프트사의 빌 게이츠 회장은 세계 최고의 자선가로도 알려져 있다. 그는 지난 8월 자기의 전 재산을 '빌 앤드 멜린다 게이츠 재단'으로 통합하면서 기금을 171억 달러로 늘렸다. 또 유명한 타임워너사의 테드 테너 부회장은 1997년 주가 폭등으로 32억 달러를 벌자 그 중 10억 달러를 UN에 기부했다. 세계적인 펀드 매니저인 죠지 쇼로스도 러시아 부도 위기 사태로 20억 달러의 손해를 보았지만 그래도 지난 해에 5억 달러를 사회에 내어 놓았다.

재벌이나 큰돈을 번 사람들은 그 많은 재산이 자기의 것이라고 생각해서는 안 된다. 내 것이라고 생각을 하게 되면 자녀들에게 모든 재산을 고스란히 물려주기 위해 수단과 방법을 가리지 않게 된다. 그러한 예가 소위 재벌 2세 등 요사이 사회 ·지도층 인사들의 변칙적인 상속, 증여로 나타나 사회적인 비판과 물의를 일으키고 있지 않은가. 어느 재벌은 얼마를 어떤 방식으로 가족들에게 넘겼다느니, 세금을 안 내고 모은 재산을 고스란히 자녀들에게 물려주었다느니, 주가 폭등으로 번 돈을 사회에 돌리기보다 주가 조작을 통해 더 큰돈을 벌고 있다느니 등등 한심스러운 일들이 벌어지고 있는 것이다.

이제 우리나라에도 진정으로 존경받는 기업인들이 많이 나와야 한다. 일본의 SONY 명예회장 모리타 아키오소니씨가 타계했을 때, 많은 일본인들이 애도한 것처럼 우리나라에도 국민들의 존경을 받는 진정한 기업인들이 많이 나오기를 바란다. 우리가 가진 재산은 내 것이 아니라 하나님의 것이다. 그러므로 이 땅을 떠나기 전에 우리의 재산으로 하나님의 일을 위하여 아름답게 사용하는 사람만이 진정으로 존경받는 사람이 될 것이다.

성경은 말씀한다. "이는 만물이 주에게서 나오고 주로 말미암고 주에게로 돌아감이라. 영광이 그에게 세세에 있으리로다."(로마서 11:36) "가로되 내가 모태에서 적신(赤身)이 나왔사온즉 또한 적신이 그리로 돌아가올지라. 주신 자도 여호와시요 취하신 자도 여호와시오니 여호와의 이름이 찬송을 받으실지니이다 하고."(욥기 1:21)

〈1999. 10. 17.〉

노벨 평화상 수상자 '국경 없는 의사회'(MSF)

올해 노벨 평화상 수상자로 선정된 '국경 없는 의사회'(MSF: Medicins Sans Frontiers)는 1971년 젊은 프랑스 의사들에 의해 결성되었다. 결성 동기는 나이지리아 소수 민족 이보족의 분리 독립투쟁인 비아프라 전쟁과 방글라데시 대홍수로 고통받는 사람들을 효율적으로 돕기 위해서였다. '국경 없는 의사회'는 인종, 종교, 정치적 신념에 관계없이 위기와 역경에 처한 모든 사람을 구호하는 세계 최대의 민간 의료구호 단체이다. 현재 벨기에의 브뤼셀에 본부를 두고 있는 이 구호단체는 '중립, 공평, 자원'의 3대 원칙 아래 어떤 정부나 기관, 정치, 경제, 종교의 간섭도 받지 않고 독자적인 구호 활동을 펴고 있는데, 창설 이듬해인 1972년 니카라과 지진 현장에 투입된 것을 시작하여, 지난 1975년 사이공 전투 당시에는 베트남에, 옛 소련의 침공이 절정에 달했을 때는 아프카니스탄에 들어갔고, 르완다 대학살과 보스니아 내전, 코소보 사태 때에도 현장에 있었다.

특히, 비정부 단체(NGO)로는 처음으로 지난 1995년 10월~12월 북한의 수해 현장에서 전염병 예방 활동을 벌렸고, 의약품 및 의료 장비를 지원하기도 했다. 지금은 45개국 출신의 3천 여 자원 봉사자들이

84개국에서 전쟁과 질병, 자연 재해 피해자들을 위해 다양한 봉사 활동을 하고 있는데 미국과 독일, 일본, 스페인, 네덜란드, 스위스, 룩셈부르크 등 모두 20개국에 지부를 두고 있으며, 지난 1996년에는 제 3회 서울 평화상을 수상한 바 있다.

국경 없는 의사회(MSF)는 소속회원 1만 명이 서명한 4개의 행동강령을 담은 헌장을 채택하고 있는데, 그 주요 내용은 'MSF는 가난과 자연 또는 인위적 재해, 전쟁 등으로 고통받는 사람들을 그들의 인종, 종교, 정치적 신념에 관계없이 돕는다 / MSF 자원봉사자들은 자신들의 직업 윤리를 지키며, 어떤 정치, 경제, 종교적 권력으로부터 완전한 독립성을 유지할 것을 맹세한다 / MSF 회원들은 자원 봉사자로서 자신들이 수행하는 임무의 위험성을 인지하며, MSF가 제공할 수 있는 것 외에 자신이나 수령자들에 대한 어떤 보상을 요구할 권리도 갖지 않는다' 등이다.

올해 노벨 평화상 수상자로 선정되자 국경 없는 의사회의 제임스 오비르스키 회장은 "우리가 봉사하고 있는 위험에 처한 사람들을 대신해서 이 상을 받는 것이며, 우리는 이 상을 통해 전 세계의 잊혀진 사람들을 되새기는 기회로 간주한다"라고 말했다.

예수님은 가난하고 어려운 자들에게 관심과 사랑을 가질 것을 말씀하신다. "그 때에 임금이 그 오른편에 있는 자들에게 이르시되 내 아버지께 복 받을 자들이여 나아와 창세로부터 너희를 위하여 예비된 나라를 상속하라. 내가 주릴 때에 너희가 먹을 것을 주었고 목마를 때에 마시게 하였고 나그네 되었을 때에 영접하였고 벗었을 때에 옷을 입혔고 병들었을 때에 돌아보았고 옥에 갇혔을 때에 와서 보았느니라."(마태복음 25:34~36)

〈1999. 10. 31.〉

고문 기술자

 이근안 전 경기 경찰청 공안부실장이 자수하기 위해 스스로 수원 지검 성남 지청으로 찾아왔다. 1988년 잠적한지 11년만이었다. 그는 자술서를 통해 "최근 재판을 받은 동료들의 형량이 비교적 가벼웠고, 오랜 도피 생활에 지쳤다. 재판을 보고 마음이 안정되었고, 심경의 변화를 느꼈다"고 자수 이유를 밝혔다.
 그는 '이근안이 없으면 수사가 안 된다'는 말이 나돌 정도로 대공 공안 분야의 전문통이었다. 그는 16차례의 표창을 받았는데 그 중에 대통령 훈장도 받을 정도로 인정받는 경찰이었다. 그러나 그는 무서운 고문 기술자였다. 소위 '반달곰', '박중령' 등의 별명을 가진 음지의 고문 기술자로 지목되었고 '관절 뽑기', '볼펜심문', '박달나무 구타' 등에 이르기까지 각종 고문 기술에 통달했으며 다른 기관에도 '고문출장'을 다니기도 했다. 그는 "칠성판(고문기구)은 나의 발명품이다", "내가 손대면 입을 열게 되어 있다"라며 연행자들 앞에서 위협적인 말을 했다고 한다. 그에게서 고문을 받은 사람들은 '구릿빛 얼굴, 핏발선 눈, 굵은 목, 딱 벌어진 어깨, 솥뚜껑처럼 큰 손' 등으로 기억하고 있다. 피해자들에 의하면 통닭구이 고문, 꺾기, 고춧가루 붓기, 비녀 꼽기, 물 고문, 전기고문 등의 고문이 행해졌다고 한다.

이근안씨를 두고 그 동안 많은 곳을 다니며 숨어 지냈다고도 하고, 또는 자기 집에서 숨어 지냈다고 말하기도 한다. 비호세력이 있다고 하기도 한다. 더 이상 피해 다니기에 지쳤다고 말하기도 하고, 치밀한 계산 끝에 자수한 것이라고도 하며, 왜 하필 이때인가하고 의심을 하기도 한다.

결국은 죄 짓고는 편안한 삶을 살 수가 없다는 사실을 그가 입증해 주었다. 물론 세상 사람들은 속일 수도 있고, 따돌릴 수도 있다. 자기 양심도 속일 수 있다. 죄 짓고도 끝까지 부인하는 사람이 하나 둘이 아니니 말이다. 그러나 하나님은 속이지 못한다. 하나님은 사람의 마음의 생각까지 다 살피시며 알고 계신다. 그 뿐만 아니라 반드시 심판하신다. 이 땅에서 심판 받지 않아도 내세에서는 틀림없이 심판하신다. 그러므로 죄를 짓지 말아야 하고, 죄를 지었을 때 즉시 회개해야 한다. 이것이 심판을 면하는 길이다. 죄 용서함 받고 마음의 평화를 얻는 길은 하나님 앞에서 참된 회개를 하는 것뿐이다.

성경은 말씀한다. "삭개오가 서서 주께 여짜오되 주여 보시옵소서. 내 소유의 절반을 가난한 자들에게 주겠사오며, 만일 뉘 것을 토색한 일이 있으면 사 배나 갚겠나이다. 예수께서 이르시되 오늘 구원이 이 집에 이르렀으니 이 사람도 아브라함의 자손임이로다. 인자의 온 것은 잃어버린 자를 찾아 구원하려 함이니라."(누가복음 19:8~10)

〈1999. 11. 14.〉

Y6B(세계 인구 60억 시대)

세계 인구가 10월 12일로 60억 명을 돌파하게 되었다. 유엔 인구 기금(UNFPA) 등 주요 국제 기관과 인구 학자들은 "이제 세계 각 국이 Y2K가 아닌 Y6B의 해결에 나서야 한다"고 입을 모으고 있다. Y6B란 영어로 Year Six Billion의 약자로 최근 인구 학자들 사이에서 거론되기 시작한 신조어다. 즉 인구 60억의 시대라는 것이다.

유엔 인구 기금은 하루에 21만 명의 어린 아이들이 태어난다고 발표했다. 1804년 세계 인구 10억 명에서 2배가 되는 20억 명으로 증가되는데는 100년 이상이 걸렸다. 이에 반해 1950년대 이후에는 거의 12~14년마다 10억 명이 증가하는 폭발적인 증가세를 보이고 있다. 현재 세계 인구는 1분당 148명씩 증가하고 있다. 우리나라도 2000년 1월이 되면 4천 7백만 명을 넘어서게 된다고 한다. 2010년에는 5~6천만 명에 달한다고 보건복지부는 전망하고 있다.

인구가 증가되면 여러 가지 심각한 문제들이 발생하게 되는데 식량 부족, 국가간 또는 인종간, 대륙간 인구 편차의 심화로 예기치 못한 전쟁 발발의 위험, 물 부족, 환경오염 등이 그것이다. 2050년이 되면 인도가 15억 2천 8백 8십만 명, 중국이 14억 7천 7백 7십만 명으로 인구 대국이 되어 냉전 종식 이후에 세계를 지배하는 미국 중심의 세계 질서에도 상당한 변화를 줄 것으로 전문가들은 내다보고 있다.

그렇다면 우리가 살고 있는 이 지구상에 인구의 적정 수는 얼마일까? 여기에 대해서 낙관론자와 비관론자, 진보주의자와 보수주의자들의 생각이 다르다. 보수주의자들의 대표인 「인구론」의 저자 맬서스는 인구가 기하급수적으로 증가하므로, 빈곤 문제는 인구 증가를 억제하는데서 찾아야지 사회제도나 법을 고치는 것으로 해결이 되지 않는다고 본다. 반면, 진보론자들은 분배만 고치면 인구 증가 문제는 그렇게 걱정할 것이 없다고 주장한다.

한편 세계 60억 인구의 날을 연 어린 아이는 코피 아난 유엔 사무총장의 보스니아 방문 중에 보스니아의 수도 사라예보에서 태어났다. 유엔은 전 세계의 대표적인 저항작가 14인을 동원해 「60억 번째 세계 시민에게 보내는 편지」라는 제목의 책을 내어 이 아이의 탄생을 축하하였다. 그 중 남아공 출신의 반인종 차별 시민인 안트예크록의 편지가 인상적이다. "나는 가난과 총알과 폭력과 에이즈로부터, 그리고 침묵과 어리석음과 부패한 인간들로부터 너를 지킬 거야."

인간의 생명이 탄생하는 것은 축복이다. 하나님은 우리를 행복하게 살도록 창조하셨다. 그리고 번성하고 세상에 충만하기를 명령하셨다. 인구가 많아서 문제가 아니라 인간이 범죄하여 죄가 이 땅에 들어 온 것이 문제의 본질이다. 우리는 행복하게 살도록 창조되었다. 그러므로 죄를 방지하는 것이 가장 근본적인 인구 문제의 해결책임을 알아야 한다.

"하나님이 그들에게 복을 주시며 그들에게 이르시되 생육하고 번성하여 땅에 충만하라, 땅을 정복하라, 바다의 고기와 공중의 새와 땅에 움직이는 모든 생물을 다스리라 하시니라."(창세기 1:28)

〈1999. 11. 28.〉

평화의 메시지 크리스마스

현대를 '미친 시대(Age of MAD)'라고 부른다. 영어의 MAD는 미쳤다는 뜻이 있으나 이것을 Mutual Assured Destruction, 즉 '상호 확인된 파괴의 시대'로 표현하고 있다. 다시 말해서 안전 보장의 모든 노력이 사실상 '파괴가 보장된 노력'이라는 말이다.

중국의 만리 장성은 인간 역사의 불가사의라고 불려지고 달에서 유일하게 육안으로 보이는 물체로 알려진 거대한 성벽이다. 2천 2백년 전에 높이 30피트, 폭 23피트의 돌 성벽을 1천 5백 마일이나 건축한 것이다. 이 만리 장성을 건축하기 위해 수많은 사람들이 희생을 당했다. 그 성을 만든 목적은 외적의 침략을 두려워하여 안전을 보장받기 위한 것이었다. 그러나 만리 장성이 안전을 완벽하게 보장해 주지 못했다. 지금은 오직 기념 건축물로, 관광 명소로써의 역할에 지나지 않을 뿐이다.

안전 보장을 위한 인간의 노력은 계속되었다. 급기야 핵무기를 비롯해 엄청난 파괴력을 가진 무기의 개발과 생산을 위해 전력을 다하게 되어 평화를 위한 안전 보장책이 오히려 인간의 평화를 위협하는 것이 되고 말았다. 그러면 참된 평화는 없는 것인가? 사람의 노력과 힘으로는 참된 평안을 보장받지 못한다는 것은 이미 입증된 사실이다.

그래서 하나님께서는 우리 인간에게 참 평화, 영원한 안전 보장을 위한 평화의 메시지를 주셨다. 바로 평화의 왕이신 예수 그리스도가 이 땅에 오신 것이다. 성탄절의 메시지는 바로 평화이다. 예수 그리스도의 탄생은 증오심과 다툼과 전쟁, 그 속에서 나타나는 과부와 고아들, 파괴, 비참, 그리고 슬픔 속에 있는 자들에게 평화를 약속하는 메시지이다.

아기 예수 그리스도의 힘찬 울음소리는 온 세계의 희망이며, 우리의 마음 속 깊이 엎드려 있는 평화가 약속되는 외침이며, 두려움을 몰아내는 약속의 선포이다. 예수의 탄생은 모든 실패자에게 용기를 주는 외침이며, 부부간의 갈등, 사업의 실패, 학업의 실패, 개인의 노력의 실패를 경험한 자들에게 새로운 용기와 새 출발을 주는 메시지이다.

그리고 아기 예수의 힘찬 울음소리는 싸움과 전쟁을 몰아내는 평화의 외침이다. 이 평화의 메시지가 긴장 관계에 있는 남과 북, 그리고 노사 관계와 정치 문제로 다투고 갈등하는 우리 사회에 골고루 전파되어 참된 평화가 실현되기를 기도해 본다.

"이는 한 아기가 우리에게 났고 한 아들을 우리에게 주신 바 되었는데, 그 어깨에는 정사를 메었고 그 이름은 기묘자라 모사라 전능하신 하나님이라 영존하시는 아버지라 평강의 왕이라 할 것임이라."(이사야 9:6)

〈1999. 12. 19.〉

판 권
소 유

시사적복음전도 목회칼럼 2

나는 하나님의 몽당연필입니다

2000년 4월 10일 1판 1쇄 인쇄
2000년 4월 15일 1판 1쇄 발행

지은이 ● 배　굉　호
발행인 ● 김　수　관
발행처 ● 도서출판 영　문

등록/ 제 03-01016호(1997. 7. 24)
주소/ 서울시 용산구 한강로2가 70번지
전화/ 편집부 · 796-7198
　　　 영업부 · 793-7562
　　　 F A X · 794-6867

ISBN 89-87697- 98-3   03230

값 7,000원

* 본서의 임의인용·복제를 금합니다.
* 파본·낙장은 교환해 드립니다.